人物叢書

新装版

太宰春台
だざいしゅんだい

武部善人

日本歴史学会編集

吉川弘文館

太宰春台の肖像

經濟録序

孔子ノ道ハ先王ノ道ナリ、先王ノ道ハ天下ヲ治ムル道ナリ、先
王ノ道ハ六經ニ在リ、六經ヲ讀ミ、先王ノ道ヲ學テ、經濟ノ術ニ
達セザルハ、譬ヘバ醫者ノ經方ヲ學テ、人ノ病ヲ治スルコト能ハザ
ルガ如シ、博聞強記、多才多藝ナレドモ、天下國家ノ爲ニ、其
益ナシ、漢朝ノ學者ハ、皆經術ヲ修シテ、治道ヲ論スルヲ務ト
ス、賈誼董仲舒ノ如キハ、スナハチ其巨擘ナリ、漢ノ古ヲ去ルコトイ
マダ遠カラザリシ故ナリ、漢ノ季ヨリ、經術ヲ講スル者、稍昔ニ及
バス、然レドモ唐以前ハ、心法ノ說イマダ起ラズ、是猶イマダ全ク
古ヲ失ハザリシナリ、宋ノ代ニ及テ、程氏朱氏ノ學、專心法ヲ以

在シ故ナリ、今純ハ草野ノ民ナリ、何ゾ敢テ貢生ガ爲ニ
傚ンヤ、只憤懣ニ堪ズシテ、聊胸中ノ蘊ヲ吐ノミナリ、
享保十四年己酉二月八日
東都處士本姓平手氏中務大輔政秀五世孫太宰純書

序終

『経済録』「序」の冒頭と春台の自署（飯田市立中央図書館蔵）

まえがき

本書は、太宰春台とは、どんな人か、何をした人か、どこが偉いのか、ということを、できるだけわかり易く書いた本である。春台は、『聖学問答』において、「もし只今にも孔子に拝謁して、純の所見をあらわして、その是非を正そうとすれば、おそらく孔子は必ず自分に印可したもうであろう」というほどに、孔子の道をきわめたと豪語している。

春台は、荻生徂徠の門に入り、研鑽を積むのであるが、彼は自分の信念にもとづき、誰はばかることなく直言した。春台は、師の徂徠に、とかく鶏肋視されながらも、「子路が孔子の禦侮」をなしたのにちなんで、「徂徠の禦侮」を自認していた。

従来の研究者は、「徂徠の開いた蘐園学派は二分して、経学（儒学）部門は太宰春台に、詩文章は服部南郭に継承された」としている。しかし、よく調べてみると、春台が、師の徂徠を超えたものは、経学（儒学）ではなく、「経世学＝経世済民の学および術」である。

春台は、『経済録』段階では、いくたの経済思想上の迷いや動揺はあったものの、師の徂徠と同じく、重農主義的経済思想を超えることはできなかった。

春台は、元禄から享保期にいたる社会経済の激動期に直面して、彼の遵奉する先王孔子の道や、師の徂徠の経世学と、現実とのいちじるしい乖離による自己矛盾のはげしい葛藤において、彼の主唱する「時・理・勢・人情」を通じて凄絶な自問自答を展開する。その実体となる、『経済録拾遺』「食貨」こそ、先王孔子の道や師の徂徠の経世学を止揚(Aufheben)して形成された「春台学」の中心をなすものであり、春台の重商主義的経済思想への転換を示すものである。なお、本書において、「春台学」の系譜と、経済思想の流れを述べている。

本書で提示している、もう一つの重要な点は、世界に通用する春台の経済理論の先進性である。彼は、世界的な理論経済学者である。

本書を書くにあたって幾多の先学の貴重な業績を使わせていただいた。とりわけ、私の恩師である前沢淵月先生著『太宰春台』には多くのお教えをうけた。本書は拙著『太宰春台　転換期の経済思想』の圧縮版のようにも見えるが、太宰春台の経済思想の転換および学問的評価に対して、前著より一そう明確にすることができたことは、私にとっていちじるしい進歩であると、ひそかに自負している。

なお本書は、引用文以外は、全部、やさしい現代文に直している。

ここに謹んで、大方のご批判を乞う次第である。

平成八年十一月

武部善人

目　次

口絵

挿図

第一　太宰春台の生涯

一　出生から少年時代

出生

太宰春台は、名は純（じゅん）、字（あざな）は徳夫（とくお）、春台は号で居宅の号を紫芝園（ししえん）といった。また通称は弥右衛門で幼名を千之助と呼んだ。春台は、延宝八年（一六八〇）九月十四日に、父言辰（のぶとき）、母游（ゆう）（前の名は梅）の二男として信州の飯田（いいだ）で生まれた。

忠臣平手政秀の五世の孫

春台の主著『経済録』「序」に次の署名がある。

東都處士本姓平手氏中務大輔政秀五世孫太宰純書

享保十四年己酉二月八日

父言辰はもと平手姓、太宰の養子となる

春台の父言辰は、太宰謙翁（けんおう）の養子となって太宰姓を名のるが、もとは平手姓であり、言辰の四代の祖政秀は、織田信秀の家老で、信秀の命によって、子の信長の傅（ふ）（守役）をつとめ、たびかさなる狂人じみた少年時代の信長の非行のため切腹して諫死（かんし）した智勇

父言辰は信州飯田城主堀氏の鉄砲組の頭、扶持二百石

母は太宰謙翁の孫

初代の太宰松（飯田市中央通り，現在は若い松が植えられている）

兼備の大忠臣である。春台は、武士の鑑ともいえる忠諫の祖先の血を受け継いでいることに矜持をいだいていた。春台の天賦の智と、剛直な性格は、その血とともに一生をつらぬくのである。

太宰言辰は、信州飯田城主堀氏に召されて、延宝七年（一六七九）に、家族とともに江戸から飯田へうつった。彼は鉄砲組の頭として二百石の扶持を受けた。言辰は兵法のほか武術全般の奥義をきわめた達人で師範としてつかえた（注、飯田の上荒町―現在、飯田市中央通り―の太宰屋敷跡―太宰邸址―に「太宰松」があったが、昭和二十二年四月の飯田大火にあって焼失した。現在は新しい松が植えられている）。

母梅（後の名游）は、太宰謙翁の孫で、祖父の愛育を受け、言辰と結ばれて游と改名し、

家族

寛文十二年（一六七二）に長男重光を生んでいる。ときに言辰三十七歳、游十七歳であった。したがって重光は春台より八歳の年長であり、ほかに四歳年少の妹もいた。

父母のきびしい教育

春台の母は、性篤実で、よく人を愛し、質素で、貞淑で、教養の高い、すぐれた女であった。母はときどき子供達に『源平盛衰記』や『太平記』などを読み聞かせて、

「おん身達が、もしこの話のなかの勇者にあやかろうと思うならば、文と武の両道を励みなさい。文武は鳥でいうならば二つの翼のようなものです。どちらを欠いても立派な武士にはなれませんよ」

と諭せば、父言辰は、「中江藤樹先生を見なさい。熊沢蕃山先生を思いなさい」と励まし、そして父も母も、「書を読まねば、本当の武士とはなれない」というのが、とりわけ少年期の春台に対するきびしい愛の鞭であった。天賦の才能に恵まれた春台は八歳ころから『孝経』や『論語』を父から学び、また和歌を詠んだ。

春台の母

春台の母は素晴しい人であった。のちに春台は母について次のようにいっている。

「母は十二~三歳のときに、素淳という尼から大学を習い、これを暗誦した。長じてからは、源氏や伊勢物語などを読んで、婦道の得失を考え、また多くの古い和歌を暗誦し、自分でも和歌を詠んだ。早くから書を上手に書き、さらに裁縫にも長じ

ていた。のち仏書を読み、もっぱら慈仁につとめた。人となりは慾が少なく、与えることが好きで、珍奇重宝でも少しも惜しまなかった。下男や下女を我が子のように見て、自分達が失礼なことをして母の心に逆っても、決して怒らない。他日ひそかにその罪をうながし、孝行をつくす以外に報恩の道はない」

父言辰の飯田追放

貞享四年（一六八七）九月九日に、春台一家にとって大変なことが起きた。その原因ははっきりしないが、ときの飯田城主堀親常への、幕府からの預け人の宅において、言辰は他の二人の者と声を荒だてて争論をした。場所がらも考えずに、しかも物頭まで勤める身分である言辰の不届きな言動に対して、親常はひどく腹を立てて、

「飯田を勝手に立ち退け、万事お構いなし」

と、言辰に立ち退きを命じた。これには異説もあるが、けっきょく言辰一家は翌元禄元年（一六八八）に、ふたたび江戸へ行くのである。言辰たちの在飯期間は足かけ十年、春台九歳、父言辰五十三歳、母游三十三歳、兄重光十七歳、妹五歳のときに飯田から追放されるのである。

父母と江戸へ移る

一説には、ある夜城中の玄関に心疾の婦人が突然入ってきたが、あまり急だったので、当直の言辰が、追い出したのでもあろうか。いずれにせよ言辰の処置が粗忽であったと

信陽＝飯田への悲傷の思い

飯田市街から南アルプスを望む（中ほどに天竜川が見える）

城主の怒りにふれ、父子ともに飯田を追われたとある。ちなみに、春台の後日の大著『経済録』第八巻「刑罰」の記述に、「日本の当代の刑法は、士以上は改易（禄俸没収）、庶人は追放を軽刑とする」（注、現代文に直す。以下同じ）とあり、さらに「追放とは、その人を放逐して、その財産を没収することである。その追放に、禁錮するものと、禁錮しないのがある。禁錮とは行きさきを構うことである」とある。したがって言辰の追放は軽刑で、しかも「万事お構いなし」は、禁錮しない追放で、飯田以外なら、どこへ行っても、また誰につかえても構わないというものであった。

生来、才智・明晰な春台が、出生の地、信陽の飯田を去るときの心境には計り知れぬものがある。言辰は無念の余り、鎗を立てて立ち退いたと伝えられている。それは、城主親常の冷たい仕打に対する無念の一突きでもあった。

飯田は小京都といわれる美しい街

信陽＝飯田は古くから小京都といわれる美しい城下町で、何回も大火にあったが、今でも昔の風格が偲ばれる。地質的に扇状台地上に整然とひろがる気品のある町だ。東を望めば、天竜の激湍（げきたん）をへだてて、伊那山脈がうねり、重畳（ちょうじょう）はてしなくつづく紫紺の千筋（ちすじ）の山襞（やまひだ）の上に、仙丈ケ岳・北岳・塩見岳・荒川岳・赤石岳などの三千メートル級の諸峰をもつ赤石山系（現、南アルプス）が、まるで屏風（びょうぶ）のように立てめぐらせている。四季の変化は鮮烈で、秋から春にかけて銀嶺に輝き、峰々は朝な夕な彩なす光の交響楽（シンフォニー）をかなでている。

風越山

飯田の町にのしかかるように迫る風越山（かぜこしやま）（ふうえつざん、または権現山ともいう）は、虚空蔵山（こくぞうさん）と抱きあうように、その山裾は扇状にひらけ、行楽や登山には絶好の場所だ。また町の南を天竜川に向かって流れる松川は、子供達の水泳に絶好だ。春台の兄重光は病弱（重光は、のちに本多某につかえるが、やがて廃疾＝不治のやまいのため僧となる）のため、あまり体を鍛（きた）えなかったが、春台は山や川で体を鍛えるなど、信陽＝飯田に対する望郷の念の深さは、のちの経済書の一つである『産語』の「跋」（あとがき）からもうかがわれる。すなわち、

日本　信陽　太宰純謹跋

とある。

江戸での浪人生活は貧困

飯田を追われ、一朝にして二百石の扶持を失い、浪人となった言辰は父言親（春台の祖父）の縁によって、前田藩の家老横山左門元知の客となって、しばらく世話になっていたが、元禄六年には仕官の望みを捨てた。

少年春台の苦悩、家系への思い

信州の山奥から、今まさに元禄文化が絢爛と咲き誇ろうとする江戸に出て、多感な少年期に、いくら春台が剛直な性格であろうと、浪人生活の貧窮と孤独は、ひしひしと身に沁み、彼の心を痛めた。母游の労苦は言語に絶した。見るかげもなくやつれても、健気な彼女は、夫によくつかえ、子供の養育に、また家計のやりくりにあらゆる努力をした。游のすぐれた教養と身につけた技能は、言辰のそれとともに、浪人生活の支えとなった。はなやかな元禄文化のかげに、下級浪人武士の想像をこえる貧困があった。やつれ果てた游は、油の足りない灯心をかきたてて、夜を徹して針仕事をした。

道真の血統をうけた家系

少年春台の心は複雑に動揺した。この惨憺たる窮状からのがれる道はないのか。いや、もっと積極的に、立身出世はできないものか。彼の心はうずいた。平手の家系を考えてみよ。祖先は遠く天穂日命——→野見宿禰——→菅原道真と連綿と血統はつづき、下って

血統は武勇の士

その血族は景行の代にいたり、尾張国知多郡平手村に住み、平手を姓とした。五代の祖平手政秀は智勇の士であり、信長への諫死の血は脈々と春台に伝わっている。父言辰は兵法ほか諸武術の奥義をきわめ、伯父（父の兄）言頼も鎗術の奥義をきわめている。さらに、母游の祖父で、父言辰の母方（谷口氏）の大伯父にあたる太宰謙翁は砲術の奥義をきわめた人であり、謙翁の父規雲は、大坂冬と夏の両度の役の功により加恩五十石、計五百五十石をたまわった勇者である。

元禄文化と町人、そして浪人生活

天性英邁な春台は、考えるのであった。貧窮のどん底にあえぐ自分達の惨めさは、いったい何なのであろう。元禄文化は町人、とりわけ商人の進出をますます盛んにし、武士階級の生活を圧迫した。いったい文武両道とは何か。父言辰は、自分のうっぷんをあの鎗の一撃にこめるとともに、この平安の世に武術では立身できぬことを春台に示したのであろうか。

少年春台の懐疑

少年春台は、底知れぬ人生や世相への懐疑と矛盾の厚い壁に突きあたるのである。自分は、いったい何で身を立てたらいいのであろう。

和歌から漢詩へ

春台の父母は、ともに和歌を好み、春台は八〜九歳のころから和歌をおぼえ、十歳ころから十二〜三歳までに三〜四百首の和歌を詠んでいる。春台は後日、往時を回顧している。

「十四～五歳のとき、初めて漢詩というものを学び、七言絶句などを綴ることを知った。そのとき心ひそかに思ったことは、和歌を学んでたとえ上手になっても、公家の人びとを超えることは無理だろうから、いつも公家の下に屈んでいるのは口惜しいことである」

当時の歌道は公家（公卿）が中心（むしろ独占）であり、春台は、たとえ和歌がいくら上手になっても、この道では出世できぬということに気付いたのである。彼はもう子供ではなかった。将来を見据える春台の心眼は炯々と輝いた。

和歌を全部焼き捨て、漢詩にはげむ

「漢詩は公家の支配を受けないだろうから、上手になりさえすれば、公家さえ弟子にすることができる。漢詩の道では天下におそれるものはなかろう。もう和歌を詠むのはやめて、詩作の勉強をすることに決めよう」

春台の進むべき方向は定まった。今までに詠んだ、たくさんの和歌は全部焼き捨てた。

「それより漢詩を好み、一生懸命に学習して、二十年かかってようやく漢詩の道を明らかにした。漢詩の道を覚えて悟ったことは、誰にも負けないと思う」

と後日、往時を回想している。

刻苦勉励、負けじ魂

春台の自信の強さ、そして「負けじ魂」「執念」「しぶとい根性」「刻苦勉励」等々、その根幹には、天賦の性格のほか、母游のやつれ果てた面影があり、それが絶えず春台の心の鞭となった。しかし後述するように、いずれは漢詩を離れ、さらに高くみずからの道をひらいて進むのである。そしてその業績こそが太宰春台の名を歴史にとどめるにいたるのである。

二　出仕から禁錮放浪時代

商人の繁栄

大坂を中心とする商人の繁栄は、当然江戸の商人へも波及し、それが取りなす町人文化は武士階級を苦しめた。そのどん底にあえぐ春台一家も、何としてもこの泥沼からぬけ出さねばならぬ。春台が和歌を捨てて、公卿をも屈しうる漢詩の道へ入ろうとする時分である。春台は十五歳のとき、但馬の出石（いずし）藩主松平伊賀守忠徳（ただのり）（八万四千石）の小姓頭となった。それは、苦しい家計を助けるためでもあった。

中野撝謙に入門

春台は十七歳のとき、江戸で私塾を開いていた朱子学者の中野撝謙（きけん）に入門した。彼が本格的に学問の道に進んだ最初である。中野撝謙は春台より十三歳年長の長崎生まれで、神童といわれ、十二〜三歳ころには、すでに一家をなすほどの天才であった。江戸に出て、広く諸方の名士とまじわり、日夜研鑽につとめ、将軍綱吉も、しばしば彼に聴講するほどであった。春台は多くの撝謙門下のなかから二人の親友を得た。安藤東野と松崎白圭である。とりわけ東野は春台にとって、かけがえのない恩人となる。

心労が重なり神経症となる

父言辰は仕官をあきらめ、母游は窮乏のどん底にあって真言密教に帰依、兄重光は病弱。春台は困窮と将来に対する不安、さらに学問に対する懐疑がつのり、心労のため、ついに神経症（ノイローゼ）となり、病気のため致仕（やめること）を三回も願い出たが、許されなかった。

母の死、朱子学への疑問、出石藩致仕

元禄十三年（一七〇〇）六月十一日に母游は四十五歳で病没した。何の孝養もできなかった不甲斐なさに春台の心は震えた。春台は人生に対する懐疑のほかに、師撝謙の朱子学（宋学）に疑問をいだくようになった。春台は母の死を機会に出石藩を致仕した。学問を究め、その学問を世に役立たせることが母への最大の報恩だと思ったのである。

十年間の禁錮

春台の一方的な致仕と受けとった、藩主松平忠徳は非常に立腹して、若輩の春台には苛酷な十年間の錮を命じた。春台二十一歳。この非情な仕打は、禁錮期間中は、どこへも仕官できぬというもので、父言辰より重い刑罰である。

春台は病苦をおして猛然と勉強をした。漢詩・天文・地学・朱子学などにいどんだが、

富士山へ登る、心機一転、逆境に勝つ

朱子学には満足できなかった。やがて健康をとりもどすにいたり、宝永元年（一七〇四）六月、友人にすすめられて霊峰富士に登り、次の漢詩を詠む。心機一転、学問に邁進する。

登　富　嶽

富嶽労瞻望　登臨喜満襟　帰雲迷胡岫
積雪罩層陰　目極群山小　心寒列壑深
誰知万仭山　縹緲発高吟

富嶽瞻望を労し、　登臨満襟を喜ぶ、　帰雲胡岫に迷い、
積雪層陰に罩む、　目極むれば群山小さく、　心寒くして列壑深し、
誰か知らん万仭の山、　縹緲たり高吟を発す、

春台は逆境にくじけるような若者ではなかった。父言辰は、一家を貧困のどん底につきおとしたが、それがかえって、信州の山猿のような世間知らずの春台を江戸という未知の世界に導く契機となり、また今回の十年間の錮は、苛酷とはいえ、その原因は春台自らが播いた種であり、さらにいくたの苦難をへて、それが次の段階への発展の契機となる。春台は二十五歳のとき、未知の世界京都へ向かう。

伊藤仁斎

当時京都には、伊藤仁斎（一六二七〜一七〇五、寛永四〜宝永二年）という江戸前期の儒学界の古学

派を代表する儒者がいた（注、正確には寛文五年—一六六五—に、山鹿素行が『聖教要録』で古学の立場を明らかにしたことが、日本の古学のはじまりである）。仁斎は京都の堀川通の上層町人（父は材木商、長沢屋七右衛門）の家に生まれ、十六歳ころから朱子学を学んだが、朱子学に疑問をいだき、孔・孟の原典にかえって古義を究めることを唱えた。仁斎は荻生徂徠とともに古学派の巨儒であり、前者を堀川学派といい、後者を蘐園学派と呼び、仁斎の弟子は三千といわれた。

古学派の巨儒

仁斎の講義を聞く

伊藤仁斎（1627〜1705）

春台は仁斎の講義を聞くが、翌年仁斎は七十九歳で没する。仁斎は『論語』を絶対的なものとし、朱子学（宋学）の理・気二元論を排して、気一元論を唱え、天中心主義から、人間を主体とする仁を学問の中心とした大儒者である。朱子学に疑問をいだいていた春台は、仁斎の講義を聞いたのは、たった二度であり、半信半疑のありさまながら熱心に聴講した。のちに徂徠を知った春台は『紫芝園漫筆』に、仁斎の学は徂徠に及ばず。徂徠の才は仁斎の企及すべきにあらざるなり。識の若きは仁斎が始まりなり。徂徠が乗り超えて上るといへども、いはゆる出藍の誉(ほまれ)なり（注、仁斎は古学の先学者だが、徂徠はそれを高く超えた）。人を教へるいはれは、仁斎は君子を以て人に望み、徂徠は豪傑を以て人に望む。

と、両者の長短を比較している。

異郷での放浪生活

春台は異郷にあって、放浪生活をつづけた。学問への疑惑は消えず、わずかに医者をして、その日ぐらしの、まさに「窮人(きゅうじん)」であった。次の漢詩に落魄(らくはく)のありさまがしのばれる。

窮人の漢詩をよむ

窮　人

窮人無所帰　落魄計多違　満口晏嬰飯
全身閔損衣　喬松空晩翠　寸草自春暉
大節雖題柱　高歌欲采薇　郷関千里遠
親友一封稀　頼有長生術　清時好閉扉

窮人帰る所無く、　落魄計るに違うこと多し、　満口晏嬰(あんえい)の飯、
全身閔損(びんそん)の衣、　喬松晩翠空しく、　寸草自ら春暉(しゅんき)、

大節題柱すると雖も、高歌采薇を欲す、　郷関は千里に遠く、
親友の一封稀なり、頼むに有り長生の術、　清時に閉扉を好む、

京都を中心として、ときにしばしば丹波へ行き、またはひそかに江戸へ行き父を見舞い、禁錮の身の置きどころもないという窮迫した青年春台であった。ときに往時の母を偲び行状をつづって「ああ、死んだ母の在世は四十余年であった」と慨嘆し、哀子純状として亡き母を追慕している。これらは宝永三～四年、春台二十七～八歳ころの孤独と寂寥である。宝永五年三月に春台は「日夜衣食に奔走して、その時限りの凍餓をまぬがれるだけだ」と記している。

舞いの免許、一面、風流な遊士

このような窮状にあって、春台は舞いの免許状を受けている。彼は笛の名人ともいわれ、多くの漢詩を作るなど、放浪生活は一面において、風流な遊士であり、将来への飛躍のための充電時代でもあった。宝永六年（一七〇九）の秋、「客舎平安に五六年、独行独座林泉を愛す……」という漢詩を残して京都を離れ、大坂に入るのである。

大坂で末松氏の女と結婚

大坂にて同宝永六年に末松氏の女と結婚、ときに春台は三十歳であった。末松氏の出自については不詳である。宝永七年も大坂で過ごし、翌正徳元年には、ようやく十年間の禁錮が解けて江戸へ帰る。ときに春台三十二歳、父言辰七十六歳であった。晩年の父言辰は兵法も武

術も捨て、柏樹斎と号して、聖賢の書に親しみつつ禅生活に入る。

三　荻生徂徠へ入門から蘐園社および紫芝園時代

荻生徂徠

まず荻生徂徠の略伝を述べる。

徂徠の名は雙松、字は茂卿、通称総右衛門、本姓物部氏、徂徠は号で物徂徠ともいい、その社を蘐園といった。寛文六年（一六六六）二月、江戸二番町に生まれる。祖先は代々三河国荻生に居住。徂徠の祖父玄甫は江戸に出て医を業とし、その子の方庵は五代将軍綱吉の侍医をつとめる。方庵の長男は理庵で、徂徠は次男、三男を北渓といった。徂徠は五歳で字を知り、九歳で詩を作る。七〜八歳のとき、父方庵の命で日記諸事の口授筆記をした。十四歳のとき、父が上総国長良郡本能村（本納村）に配流され、徂徠もその地へ行き、辛酸をなめること十二年、二十五歳のとき許されて江戸へ帰る。のちになって徂徠は、きわめて熱心に武士土着論や人返し論など、実際に寒村の百姓達から得た事柄に強く根拠をおいた、彼独自の社会組織改造論を唱える。

徂徠の出世と活躍

江戸へ帰った徂徠は、芝増上寺の門前に住んで、程朱の学を講じたが、当時無名の一儒生、教えを乞う者もなく、豆腐殻を食べて飢をしのいだほどであった。その後増上寺の山主了也上人に認められ、将軍綱吉に告げたので、その寵臣柳沢吉保の書記に採用され、十五人の扶持を受けた。徂徠三十一歳のときである。以後柳沢の栄達とともに徂徠も出世して、ついに五百石を受け、その抱負や経綸を述べて天下の政治に貢献した。宝永六年（一七〇九）綱吉の逝去とともに柳沢も政界からしりぞき、徂徠も致仕して、日本橋茅場町に住み、学問と門弟の教育に専念した。

徂徠の学風と彼の自信、蘐園社の逸材

徂徠は当初は朱子学の立場から伊藤仁斎の古学を批判するが、五十歳ころから古文辞に傾倒して、いわゆる古文辞学を大成する。また徂徠の結社蘐園学派は一世を風靡し、多くの逸材を輩出したが、とりわけ経学・経世学は太宰春台に、また詩文章は服部南郭に受け継がれ、その学問的方法は国学に大きな影響を与えている。しかし徂徠自身は非常な自信家であり、中華趣味も極端なので、学界から批判を受けることも多く、「寛政異学の禁」の一因は、ここにもあるとみられる。

徂徠の豪語

徂徠は「熊沢蕃山の知と伊藤仁斎の行に、我の学が加われば東海に一聖人を出すだろう」と豪語したという。その性格は英気豪放、眼中に人なき言動もあるが、その学問は経学詩文章のほか、政治・経済・兵学・律学その他に通じ、きわめて該博であった。政

治経済思想の著書としては『政談』と『太平策』がおもなものである。

　徂徠は、享保十二年八代将軍吉宗に謁し、ふたたび政界にすぐれた才能をのばそうとしたが、浮腫を病んで翌享保十三年（一七二八）一月、六十三歳で永眠した。

　春台は、苛酷な十年間の錮が解けた正徳元年に、安藤東野の仲介で、かねてから敬慕していた徂徠と対面する。この劇的な対面こそ、奇才春台の心眼が開かれる一大チャンスであった。

荻生徂徠 (1666～1728)

徂徠へ入門、劇的な対面

『先哲像伝』に対面の光景を次のように書いている。

「春台が初めて徂徠に対面したとき、春台は徂徠の才をうかがうために、扇面へ描いた、釈迦と老子が並んで立ち、孔子が半伏のすがたの図を出し、それに賛を入れてくれとお願いしたら、徂徠は筆をとって、

釈迦釈空　老子談虚　孔子伏笑

と書いた。春台は徂徠の才のはかり知ることができないほどであることを喜んで、ついに、弟子になったということだ」

不世出（ふせいしゅつ）の天才徂徠が、春台の偉才を感知しないはずがない。敬慕している初対面の大先生の才能をためそうとした春台の不遜（ふそん）な行動に、豪放で英知な徂徠は、むしろ好感をもったのであろう。徂徠は、初対面の春台に対して、

徂徠の「ひとこと」で春台は開眼する

「貴殿は詩文はすでに一家をなしている。経学を修めなさい」

というのである。春台にとっては、まさに天の声であり、彼の進むべき方向は決まったのである。すなわち「詩から経学・経世学への転向」、春台の迷いは晴れ、偉大な徂徠の経学（経世学もふくめて）を継承発展させる、名誉あるその主担者としての歴史的意味が、徂徠のこの「ひとこと」のなかに秘められていた。まさに春台の開眼（かいげん）であった。ときに徂徠四十六歳、春台三十二歳、春台は遅い入門であった。

春台は、

弱冠にして游学の志を懐き、笈を千里に負い、学を嗜み古を好む者有るを聞けば、必ず就て謀る。大率（おおむね）見る所聞く所に若（し）かず。竟（つい）に未だ吾意に厭かず。純や外に八年、

学に得る所無し、来り帰り、最後に独り徂徠先生を得、以て之が為に帰す。其の論説を聞くに及んで、乃ち純が求むる所の者畢く有り。

と、徂徠との出会いに深い感慨を示している。

生実侯の記室となる

春台は徂徠のすすめに従って、古学の勉強に励むとともに、生活の資を得るために、正徳元年（一七一一）十二月から下総の生実侯森川重令（幕府の寺社奉行、一万石）の記室（書記）となり、五斗の扶持を受けた。春台が小石川に紫芝園をひらくのは、いつごろか明確ではないが、正徳二年五月には心労のあまり病気をしている。四年五月には妻が死去。二人の生活は五年足らずであった。春台は体調も気分もすぐれず、翌五年には仕官四年ほどで生実藩を致仕している。

妻の死去

生実藩、致仕

春台の居宅紫芝園は、小石川牛天神の裏門から鳶坂へ下る所（伝通院門前の近く）で、水戸侯の藩邸と相対しており、ここで本格的な研究・執筆・教育活動をするにいたる。

古学派の仁斎と徂徠

日本の儒学各派を大別すると、朱子学派・陽明学派・古学派・折衷学派に分かれる。古学派は山鹿素行を創始とするが、徂徠は先学者の仁斎を強く意識していた。古学（古義学）への開眼の早さにおいて仁斎三十七歳、徂徠四十九歳のころと見られ、年代において両者には半世紀以上の開きがある。

春台も指摘するように、学においては徂徠は先学者仁斎を超えるが、徳においては仁斎が勝る。仁斎は細川侯の千石の招きもしりぞけて、生涯仕官しないで町学者として終えるが、徂徠は名誉欲や功名心の強い儒者で、後述するように春台は「権勢の家に仕官するのは下である」として、権門の柳沢吉保に仕官して高禄を食む師徂徠を痛烈に批判している。

四　紫芝園時代

紫芝園時代に入る、蘐園一門で頭角をあらわす

春台は、困窮からぬけ出て身を立てるために和歌を捨て、漢詩をきわめ、さらに経学(儒学)・経世学に進み、のちには蘐園一門でも頭角をあらわすにいたるのであるが、生(おい)実(み)藩の記室(書記)をもって仕官をやめ、以後一生を通じて浪人生活となり、本格的な紫芝園時代に入る。生実藩での最初の扶持は五斗という惨めさであった。徂徠は十五人扶持から、五百石に出世する。春台は「二百石は士の常禄である。二百石なければ、出でては士の事を行うのに足りないし、入りては祭祀を守り父母や妻子を養うのに不足する」といっている。かつて父言辰が信州飯田城主から得ていた禄高は二百石であった。

春台の名声高まる、諸侯が尊信して扶持米を贈る

春台の名声が高まるにつれて、大名のあいだにも彼を尊信する者も多くなり、なかでも本多伊予守忠統（若年寄、伊勢の神戸藩主、一万五千石）、柳沢刑部少輔経隆（吉保の二男、越後黒川藩主、一万石）、黒田豊前守直邦（上野沼田藩主、三万石）の三人は、それぞれ家臣に準じて扶持米を春台に贈るようになった。しかし、本多忠統が春台に出した書簡に号だけで署名して、自分の名も書かず、頓首などの結びの語を記していないのを、書札（てがみ）の礼に反すると非難した書簡を送っている。その後忠統が春台に対して礼節がうすれたので、春台は扶持を断っている。そして前掲の三大名からも、けっきょくは全部扶持米を辞退している。

全部扶持米を辞退する

春台は紫芝園において門人の教育に厳格であったように、大名に対してもきびしく師弟の礼をもとめ、たとえば、老中の地位にあった松平乗賢の嗣子乗薀の教育に招かれたとき、乗薀が自ら送迎しなかったのを非礼だとしてとがめた。

紫芝園での生活、再婚、父の死

春台の居宅紫芝園の玄関には、伝家の鎗がかけられていた。小さい住居だが整頓していた。一条の鎗は春台の血統の証であり、矜持の象徴である。

春台は端然として机に倚り、傍に中華の大辞典をそなえ、門人の会書の誤りを正したので間違いは絶無であった。毎月三・八・十の日に会があり門人が集まった。

春台は妻の死後、前川氏の女と再婚するが、彼女も持病があり、春台自身も病気がちであった。享保八年（一七二三）に父言辰が八十八歳で永眠した。ときに春台四十四歳であった。

紫芝園の俊才、門人の面々

春台の学問は次第に名声をあげ、紫芝園に多くの門人が集まった。次に何人かの俊才をあげる。

松崎の才能を春台は激賞した

松崎観海（かんかい）＝中野撝謙門下で春台と親交のあった松崎白圭（はくけい）の子。幼時より英悟、十三歳から春台に学び、十九歳で『六術』を著し、春台は当今の賈生（かせい）だと嘆じた。観海は、もっぱら経術（経学）に力を注ぎ、武術も得意で、強記・該博、父の禄を継ぎ、篠山侯につかえ、多くの門人を育て、安永四年（一七七五）五十一歳で没。

稲垣白巌（はくがん）＝越前大野藩の家老で、名は長章（ちょうしょう）、射騎剣鎗ともに奥義をきわめた。春台に師事して経義文章を習い、蘭亭に詩を学ぶ。春台は彼を重んじ、著述の校正は白巌に頼んだ。春台の死後、弟子の多くは白巌に従う。安永六年（一七七七）没。

大塩は「春台学」の系譜上特に関係の深い実学の儒者

大塩鼇渚（ごうしょ）＝通称与右衛門、代々薪炭業を営み、巨万の富をかさねた。幼時より英敏、学を好み、春台から儒学を学んだが、当時の文士の風習を嫌い、身を持することはなはだ堅固。春台の著書の多くは彼の手で刊行された。春台の永代供養料を無名で天眼寺（てんげんじ）

へ寄せたのは、彼と宮田金峰という。林述斎は彼の門人。天明五年（一七八五）六十九歳で没。ちなみに、大塩はのちに述べる海保青陵の父角田青渓（せいけい）の師である。

大幸も春台の最も信頼した儒者

大幸清方（せいほう）＝大聖寺藩士、幼時より学を好み、元文元年（一七三六）春台に古学を学ぶ。諄謹方正、のち百五十石を食み、よく藩の子弟を教え、藩主前田利通・利精の信任が厚かった。

市野東谷（とうこく）＝江戸の儒者、家がはなはだ豊かで、蔵書三万巻、著書も多い。

五味釜川（ふせん）＝甲斐の儒者、三十七歳で没、著書も多い。

関鳳岡（ほうこう）＝江戸の人、土浦侯につかえる前に、学を春台に、書を細井広沢に学ぶ。草書が上手で、草聖といわれた。

栗原桶川（つうせん）＝武蔵の人、著書に『嘯風草（しゆくふうそう）』がある。

水野華陰（かいん）＝徂徠の門を出て、春台に師事し、学業はますます進む。荘内藩の世臣で、老職となってから、富国強兵に力をつくして政績をあげた。春台の著書『論語古訓外伝』の刊行に努力した。

小宮山謙亭（けんてい）＝江戸の儒者、『書柬式（しよかんしき）』三巻の著書がある。

富田は春台の出版に献身的な努力をした儒者

富田金峰（きんぽう）＝大和郡山の人、本田侯につかえた。春台の遺稿となった『老子特解』に五十章を続注し、自ら跋をつけて刊行した。『産語』も彼が序をそえて、寛延二年（一七四九）に刊行。

植村淇園（きえん）＝江戸の儒者、富田金峰とともに春台の『紫芝園稿』の浄写につとめた。

井上東渓（とうけい）＝『東渓集』の著がある。

井上蘭沢（らんたく）＝江戸の儒者。

原養沢（ようたく）＝江戸の医師、春台の主治医で門人。

渡辺蒙庵（こうあん）＝遠江浜松の医師、著書に『老子愚読』『国字解』がある。国学における復古の大家賀茂真淵は彼の門から出た。内山真竜も蒙庵に学ぶ。

森は多才の儒者

森蘭沢（らんたく）＝江戸の人、世々秋元侯につかえた。幼少より学を好み、春台に師事し、春台終焉の病中はもっとも医薬看護につくす。武術・兵法・算数に長じ、雅楽を好み、和楽にも長じた。

釈蓮社（れんしゃ）＝元丹波の人、京の了蓮寺の十七世、ことに春台を慕い、その業を受けて韻学に詳しく『磨光韻鏡』の著がある。

関口黄山（こうざん）＝江戸の書家、春台に従って、若くして中華の古書を渉猟（しょうりょう）精通し、音韻の学も詳しく、弟子も多かったが、二十八歳で没。

速水は篤学の儒者

速水象之（しょうし）＝恒則（つねのり）。紀伊南田辺侯につかえ、食禄三百石。四十二歳で春台に学ぶ。篤学で昼夜勉強、職務の暇には手から本を離さなかった。

釈暁山（ぎょうざん）＝下野宇都宮の人、慈光寺の僧。

犬塚子良（しりょう）＝聡慧（そうけい）で早くから字を知り、春台につき学いよいよ進んだが二十五歳で夭折（ようせつ）。

その他の春台の門人に、次の人たちがいた。

北条蠖堂、堤有節、河津祐之、井上玄里、赤星国光、外山行賢、赤川瑞仙、北村抱節、上野俶、沢村徳守、石田器之、井田勝文、中村宗左衛門、内藤杏庵、多賀良因、泊瀬川綏之、高久光好、片山義夫。

権勢にこびない春台の信念

春台は『紫芝園漫筆』で、次のようにいっている。

「今の士は、多くは恒産がない。だから高尚な志があっても仕官せざるを得ない。孟子がいう『貧の為にする』のである。ただ権門勢家に仕官してはならないだけだ。権門とは、憲廟（将軍綱吉）のときの牧野氏・柳沢氏である。勢家とは、本荘氏である。だからもっともよいのは、第一、仕官しないことである。その次、第二は王朝（幕府）に仕官することで、その次、第三は侯国（藩・大小名）に仕官することだ。権勢の家に仕官するのは下である」

これは春台の信念であり、権門の柳沢吉保に仕官の師徂徠や、門友の服部南郭らに対する痛烈な批判でもあった。前述のように春台は、黒田直邦ら三人の藩主から扶持米を受けていたが、直邦生前の二十人扶持が、死後は藩の財政難の理由で十人扶持に、さらに五人扶持に減らされたので春台は怒って以後断っている。春台は一生を通じて経済的には恵まれず紫芝園での収入も少なかった。

師の徂徠や門友の南郭らに対する批判

春台には不朽の名著『経済録』、とりわけ『経済録拾遺』に示すような「富国の策に対する才の長」はあったが、「家計の策に対する才の短」であった。南郭を筆頭に、多くの徂徠門弟が、はなやかな詩文章に走ったことは春台にとっては大いに不満であった。

春台の驚くべき強記

春台の強記（記憶力のよいこと）は驚くばかりであった。次にいくつかの例を示す。

春台が十二〜三歳のころ、日本国中の諸侯の系図をはじめ、領地・禄高・紋所、さらに朝士の官爵・姓名など全部暗記しており、一つも間違いなく暗誦した。

また、春台が門人と塩政を論じたとき、天和年間から以後そのときまでの塩価をもらさず述べた。さらに、春台は一度見聞したことは城や山川の高さ・広さ・作り方など全部覚えていた。

春台の天性の強記はすさまじく、知人から『大日本史』を借覧し、のちに読んだところを少しも間違えずに暗記していた。

春台の自負、「臣もまた君を択ぶ」

春台が、仕官の機会を自ら逃がしているのも、彼の「自負、はなはだ過ぎ」ていたこと、すなわち「あにただ君の臣を択ぶのみでなく、臣もまた君を択ぶ」という自負・尊大さにもあった。春台が徂徠のように五百石を食み、権勢に密着していた御用学者であったなら、彼の偉業は達せられなかったであろう。

「鶏肋視」「徂徠の禦侮」

享保十三年（一七二八）一月十九日に巨星荻生徂徠は死去する。徂徠門下には多くの俊秀がいた。その中にあって一段と頭角を表わした者は、経学（注、のちには経世学が中心となるが）では春台、詩文章では南郭であった。しかし徂徠はとかく春台を鶏肋視（注、軽く見るたとえ）した。もちろんこれは春台の「思い過し」もあろう。春台は「子路が孔子の禦侮」をなしたのにちなんで「徂徠の禦侮」を自認していた。春台は、蘐園社時代から、自分の信念にもとづき、師の徂徠に直言を惜しまなかった。

師徂徠の死去に対して春台はいう。

「……先生が病死した原因は、思慮が度を過ぎたからである。先生の志は功名にある……中華で、思慮が健康を害することは、酒色よりも甚だしいというが、そのとおりだ」

このような点にも春台の圭角な性格のいちめんを偲ばせている。

五 『経済録』出版から病没まで

『経済録』刊行

師の徂徠が他界した翌享保十四年（一七二九）に春台は『経済録』（十巻）を刊行している。徂徠の『政談』（四巻）より、ほぼ四年遅れての偉業である。徂徠の『政談』は幕府の諮問に答えた政治・経済・社会に関する彼の見解を、何年もかけてまとめたものであるため、刊行の年次は、必ずしも明確でない。徂徠の『政談』は意見書という点もあり、雑駁であるが、春台の『経済録』は、かなり組織的である。両著は当時もっとも広く読まれた本であり、封建的な社会全般に与えた影響はきわめて大であった。

春台が蘊蓄をかたむけて書いた『経済録』（十巻）が出版されたのは、彼が五十歳（享保十四年二月八日）のときであった。春台は『聖学問答』（享保十七年自序）「巻之上」において、次のように述べている。

春台の学問観

「今の学者は、宋儒が注した四書五経だけを読み、その外に小学・近思録・性理大全・朱子語類などの内を論説して一生を過ごすだけだから、どうして古の聖人の道に達することができようか。純は年少より宋儒の書を読んで心中に疑いを起こし、そののち伊藤仁斎の説を聞いて、半信半疑だったが、徂徠の説を聞いて、すこぶる信を起こした。とはいえ、一旦には疑網は解けなかった。

総じて早くから、老荘の書、または釈氏諸家の説までも講究し、またその後博く諸子百家の書を読んで取捨斟酌（しんしゃく）して、三十年の歳月をかけ、五十歳近くになって、今までの学問が融解貫通し、天下の道が胸中に醞醸（うんじょう）して、尭舜禹湯文武周公孔子の道（古聖人の道）が、自分の眼でこれを視ること、あたかも青天に白日を懸（か）けたように、今になっては少しの疑いもない」

春台の自信とその宣言

この自信に満ちた春台の心境は、師の徂徠を「守って→破って→離れた」、すなわち「師を乗り超えた」ことに対する宣言でもあった。

将軍への献本拒否、自己矛盾

『経済録』（十巻）が脱稿してから、御側役の八田久通（ひさみち）が将軍吉宗の命により、春台にその真本を奉らしめようと思って、春台と仲のよい書商の小林延年（のぶとし）を仲介者にして、献上を勧（すす）めさせた。しかし春台はそれを断った。

「今日の命が直接老中からであるならば承知しないでもなかったが、中官（御側近）をなかだちとして差し上げるということは、自分の恥じるところだ（注、体面をけがす、自負心が許さぬ、という意味）」

「屠竜の芸」

三十年来の蘊蓄をかたむけた、畢生の大作『経済録』（十巻）の草稿を、将軍吉宗の命によってご高覧をたまわる機会を、形式や格式にこだわり過ぎる彼の性格が、その好機を排除するのである。自分の究めた考えを、天下の政策に及ぼす絶好の機会を自分の手で摘みとるという偏屈で頑迷な春台の言動は、『経済録』「序」において「屠竜の芸」の例をあげて、自分の学問が政策に役立ち得ないことは「憤懣に堪えない」という考えと全く乖離する。

徂徠批判

春台は、徂徠の学問は仁斎を超えるものとして感激して師事したが、年月のたつにつれ、いろいろ不満に思うこともあった。ことに仁斎の徳行をもって人に望む学者らしい態度に比べて、徂徠の奇を好む癖や自他ともに許す風流など、心に満たぬものがあった。

徂徠が心酔していた李王の古文辞について、春台は「条理も脈絡もない古句のつぎはぎは、あたかも塵塚から拾い集めて綴った緇徒（僧侶）の糞雑衣のようなものだ」といって強く排斥した。春台は、徂徠の古文辞一辺倒ではなく、ときに批判者であり、部分的には反逆者でもあった。春台は、才さえあれば徳行を問わない徂徠と、教育観や価値観を異にし、性格も徂徠の豪放磊落に比べて、春台は端正謹厳であった。

師徂徠の死後、まさに爆発的に春台の蘊蓄は著作に向けられ、徂徠の経学・経世学を継承発展させていった。のちに復古神道を体系化した、国学の四大人の一人といわれた江戸後期の国学者、平田篤胤（一七七六〜一八四三）が、その著『出定笑話』において、

漢学者が鬼神の如く恐れる儒者

「春台は今時の漢学者が、鬼神の如く恐れる儒者である」

といっているが、彼が儒者としても勝り、また国学に与えた影響も大きかった。

丸山真男氏の見解

丸山真男氏が『日本政治思想史研究』において、公的な側面（経学）と私的な側面（詩文）に二分しつつも、蘐園学派への世人の熱狂ぶりは想像を超えるものであった。しかし、その公的な側面における主担者としての春台は、経学（儒学）部門においては、徂徠学の精密化や組織化、さらにその敷衍には貢献したものの「蘐園学派そのものに於いても、もはや徂徠学以上の理論的発展は見られなかった」（注、上掲、丸山著書一四二ページ）というほどに、徂徠の儒学は完成されていた。春台が師の徂徠を超えたものは、のちに詳述するように、経世学とりわけその経済思想の研究、さらに「春台学」の生成である。

前述するように、春台は二度結婚するが、子宝には恵まれなかった。のちに示すような多くの著書をつぎつぎに出版し、春台の名はいよいよ高まった。とりわけ『経済録』は盛んに読まれ、板本や写本が多く出回った。

健康すぐれず、定保を養子とする

春台は五十七歳の秋に病気におかされ、以後健康がすぐれなかった。知人の厚意により寛保二年（一七四二）に長門の人阿武安次の子定保（さだやす）を養子に迎えた。ときに定保は十三歳であった。定保は通称弥三郎、春台の没後は江戸で子弟を教えていたが、天明五年（一七八五）に五十五歳で没し、その子かつ女も、ときに書を講じたが、文化三年（一八〇六）に四十四歳で没し、あとは絶えた。なお春台の兄重光は元文三年（一七三八）六十七歳で没し、妹は匹田氏に嫁ぎ令名が高かったが、以後は不詳である。

『経済録拾遺』の重要性

多くの春台の著書のなかで、日本経済思想史上、特筆すべき『経済録拾遺』（一巻）が延享元年（一七四四）に出版される。その第一巻「食貨」は、従来の日本の学者が、とかく無視または軽視していたものであるが、太宰春台の真価を示すきわめて重要な著書である。同書の末尾に、

右経済録拾遺借ニ春台先生真本一而写レ之延享元年云々　速水恒則

とある。

春台病篤し

元文元年（一七三六）の秋ころから薬餌（やくじ）に親しみがちであった春台は、延享三年の秋にいよいよ病は篤く、薬餌に鍼灸（しんきゅう）にあらゆることをしても、おもわしくなかったが、その病気は胃がんであった。延享四年（一七四七）、春台は六十八歳となった。病状はますます悪

「ありがたく思う……」

春台死去

谷中の天眼寺に葬る、葬列に鎗をもたせた

春台の墓（東京都台東区谷中，天眼寺）

化、五月末日、春台の危篤を聞いて多くの故旧や門人が集まり、門人で主治医である原養沢の、

「御遺言がおありでしたら、唯今のうちに……」

に対し、春台は、いとも満足そうに、

「足下は、まことに、俗医とはちがう。ありがたく思う……」

といった。蘐園学派を継承発展させ、さらにそれを超えて、後述する「春台学」を生んだ巨星は、師の徂徠の没後十九年にして黄泉に旅立つ。享年六十八歳、ときに養子定保は十八歳であった。翌六月二日に、門人あいよって、師の春台を谷中天眼寺（現在の東京都台東区谷中一—二—十四、天眼寺）の墓地に葬る。会葬者三百人。生前の春台の希望により、浪人の身ではあったが葬列に鎗をもたせた。春台は最後まで、信長諫死の平手政秀五世の孫という矜持を失わなかった。

法号、廓清斎萬了宗傑上座。

六　紫芝園における春台の教育ぶりと春台の評価事例

紫芝園の場所

ようやくにして、小石川牛天神の裏門から鳶坂へ下るところに、水戸侯の藩邸と相対して紫芝園（ししえん）が営まれた。新宅が出来ると同人がお祝いに訪れた。その辺には士人の家が四〜五戸あった。その一つに当時大橋流の俗書で知られた篠田行休（ぎょうきゅう）の家があり、その隣りが紫芝園であった。

鎗一条

門をくぐるとすぐに通ずる玄関口に、家伝の鎗（やり）が一条かけられ、春台の由緒ある家系を偲ばせていた。ささやかな住居ではあったが、すべてに自ずから秩序があり、書斎の床には長崎一枚絵が飾られ、春台は端然として机に倚（よ）る。

春台の行状記によれば、

書を読るゝには、朝起て先国字の書など見、又は人の見せおきたる詩文を読み、又校正の書をなし、又会業の下見などをし、色々せらるゝゆゑ倦つかるゝ事なし。

夜は必ず四つ時（注、今の午後十時頃）にねられたると也。

といい、傍にある『字彙玉篇韻会』によって、門人の会書の誤りを正し、それが終ると書写をした。飽きればまた書を読み気分転換をした。春台には誤字というものは絶無であった。

行状記によれば、

何の物を見るとても、必唐本表紙を和用紙にかへ、墨のつきたる処をぬりけし、厳密に整斉なりしとなり……史記などに元麟が云し如く、五色にさいしきしてありしと也。君修語りける。春台の校の世説をみる、ごふんにて点をけし、墨にて点をつけ直し、朱の書込墨の書込、青墨の批点あり。見事なること也。

とある。

厳密な添削

赤間石に並べ彫りした硯に五色の墨をおろし、門人の文書を見ながら誤った点を胡粉で消して墨で付け直し、なお不用の部分を朱で消して青で書き入れるように、厳密な添削をした。

月に九度の会

時に変更はあったが、大体、五の日を定めて在宿して客を待った。月に九度の会があって弟子達が集まり、会業は毎度七つ半（注、午後四時半）頃に終った。弟子達が帰ってからも、春台は、袴を脱がずに、その日の会業の書の字の間違いを直し、また自分の意見を書き込むなどした。春台は書を校すること、きわめて精密で、「史漢左伝の類悉和読要領」通りに直した。みな胡粉で間違いの点は消し、一画の違いも改めた。

学習の功を積む

門人達によれば、春台は元来性急の方であったが、次第に学習の功を積んで綽々たる余裕を示し、

明日のことを今日しまい置るゝもの也。それゆゑいつも従容として居られ、一生の間、うろたへたることを見することなし。

といっている。

春台の高弟の松崎観海は、

其の言行きはめてをりつめて、実儀なること、北宋の人物司馬温公、范文正公などに似たると也。行状書に及に、とかく小学の嘉言善行に入るべき人のやうに覚ゆる。

と述べている。

大納言以上の人品

しかし春台は、俗人に対しては一言たりとも書籍のことには触れなかったので、彼が儒者であるかどうかは一般の人は知らなかったが、自然に具わる人格は「大納言以上の

人品」と、世人は彼を尊崇（そんすう）した。

紫芝園狭くなり移転

紫芝園はその後移転した。それは、寛保二年（一七四二）八月二十五日に門人の大幸清方へ送った春台の手紙の一節からもうかがわれる。

追啓、敝廬（へいろ）及二破損一、且甚狭難儀御存之通故、今般近所にて少広地を卜居（ぼっきょ）、只今造作最中ニて御座候。四月中御出府之時分者新居ニ可罷在候。為御心得書付進置候。

小石川牛天神うしろ七軒町

常泉院南隣

右之通にて相違無二御座一候。伝通院門前ゟ二三町東南、水戸邸之西にて御座候。

上述のように、春台は紫芝園において子弟・門人の教育に全力をかたむけ、次第に成果はあがり、同園は狭いまでになるのである。しかし、この陰に幾多の悲しみもあった。既述の部分と前後または重複するところもあるが、次に述べてみよう。

傷心の事件続く

正徳二年（一七一二）五月には自ら病み、その月末には叔母（母游の妹）を喪い、同四年五月十三日には妻の末松氏と永別し、五年には致仕し（注、生実藩をやめる）、翌享保元年（一七一六）の年末には慈母のように春台を見てくれた浅見氏（門叶高治の後母）に死なれ、二年には無二の親友浪華の僧岱兆（たいちょう）の訃にあい、四年の春には安藤東野を葬い、五年七月には先師中野撝謙の死を哭(こく)し、六年三月四日には火災にて、ようやく焚死(ふんし)をまぬがれ、困厄をきわめている。

火災にあい困厄をきわめる

その時の窮状を春台は次のように述べている。

> 煢煢(けいけい)たる赤身、胡(なん)ぞ能く自ら振はんや。僕固(もと)より玉を食ひ錦を都下に衣る能はず。故に親旧の情を割き、懐土の念を断ち、潜(ひそか)に老父を負ひ以て江湖に遁れんと欲せり。人僕の計を知り、或は以て非と為し、或は路人を視るが如く、或はそれを慨し之を如何ともする無く、或は力を竭して画策す。僕の計巳に定れり。以て変ずべからず。人言を聞くと雖も豈(あに)其の移す所と為らんや。僕結髪より備(ひとへ)に辛苦を嘗めしも、未だ流離顚沛(りゅうりてんぱい)是の如く甚しき者は有らざる也。

芝浦に仮寓する

それから甲斐侯刑部少輔経隆（吉保の二男）の厚意を受け、二、三旧知の援助によって芝浦に仮の宿りを求め、小徒を教えたり、黒田豊前守直邦の世子に書を授けるなどして数口の食を得るうちに、翻然(ほんぜん)として自ら改め、悠然として自得するにいたった。

上述するように、春台は逆境にあっても自分の信念をまげずに、一生をほとんど浪人の貧しさに甘んじ、子弟・門人の教育と自己の蘊蓄(うんちく)をかたむけた著述に心血を注いだ。

次に諸家の春台についての、いくつかの評価事例をわかり易く述べてみよう。

伊藤東涯（1670〜1736，伊藤仁斎の長男）
（『先哲像伝』国立公文書館内閣文庫蔵）

「行は知る所に及ばず」と師の徂徠を評した春台は、当時学者の多くが、特に同門の誰彼が、いたずらに虚語浮辞を並べて能事終れりとしている弊に飽き飽きしていた。

身を律すること厳しく、信念をつらぬく

春台は、自らは身を律すること厳しく、すべて先王の規矩準縄にのっとり、子弟を有用の学に向かわせ、同人に対しても、徂徠のためにも、喜んで貰えぬと知りながら、孔子における子路を以て自任し、忠誠激切を信念として進んだ。このため、時には忌憚を買ったが、その実学と実徳では誰もが春台に一目おいていた。

時には忌憚を買ったが、誰も一目おいていた

伊藤東涯

享保十三年（一七二八）正月十九日に、師の徂徠が世を去ってから、復古学派における春台の輿望と責任とは自ずから重きを加えてきた。しかし、堀川学派には伊藤東涯があり、彼は沈静・寡黙・恭倹・謹慎で、仁斎の後継者としての実徳を具え、その博学はかえっ

て父を凌ぐところがあったので京で重鎮をなしていた。享保の初年に江戸で行われていた徂徠の学風も、一度京に入ってみれば、新奇な説だという者はあっても、真に心をかたむける者は少なかった。

その後、木門（もくもん）（注、木下順庵の門）の俊才室鳩巣（むろきゅうそう）が没し（享保十九年）、伊藤東涯が隔世すると（天文元年）、復古学は急に翼をのばし、急転直下の勢いで一世を風靡した。

『学問源流』に、

徂徠の説、享保の中年以後は、信（まこと）に一世を風靡すと云ふべし。然れども、京都にて、至りて盛んにありしは、徂徠死して後、元文の初年より延享寛延の比まで十二三年の間を甚しとす。世の人其の説を喜んで習ふこと信に狂するがごとしと謂ふべし。

とある。徂徠の没後、徂徠学派は二分し、詩文は主に服部南郭に、経学とりわけ経世学は春台によって継承・発展された。前川淵月（えんげつ）氏は「之を春台の一生より見るも蘊蓄益深く、思想愈老熟の境に近づく時で有ったから、先の轗軻不遇（かんかふぐう）の時代に引き替へて、殊に光芒陸離の観があったといふ事が出来る」としている。

また、前述するように、平田篤胤は『出定笑話』において、

漢学者が鬼神の如く恐れる儒者、春台

「今時の漢学者が、鬼神の如く恐れる儒者」と春台を指していっているが、彼は群儒の中から嶄然として頭角を現わしていたのである。

春台は経世学で師の徂徠を超える

従来の諸家は、例えば前川氏においても「徂徠歿後、其の門自ら二派に別れ、詩文に於いては……服部南郭を推し、経学に於いては……春台に依らなければならなかった……」としているが、経学は儒学であり、儒学では春台は師の徂徠を超えることはできなかった。したがって春台は、徂徠の経学を単に継承発展したのではなく、経済思想および経世学＝経世済民の学ならびに術を、のちに詳述するように「春台学」にまで高めるのである。この本を書いた真意は、じつにこの点を明確にするためであるといっても過言ではない。

「文勝之効」を評価

次にもう一つ、拙著『太宰春台 転換期の経済思想』から、春台に対する一つの評価事例を述べる。

『江戸時代の朝鮮通信史』（映像文化協会編）中にある姜在彦氏の執筆文のなかから（二一一三ページ）、春台関係の一文を、抜粋して引用してみよう。

「（通信使の）なかの一人丁若鏞は、かれの「日本論」のなかで、伊藤仁斎、荻生徂徠、太宰春台の学問にふれ、日本の「文勝之効」を評価してつぎのようにのべている。『日本はいま、心配はいらない。余は其のいわゆる古学先生伊藤（仁斎）氏がつくった文および、荻（荻生徂徠）先生、太宰純らが論じた経義を読んだが、その文がすべて燦然（さんぜん）としている。是れによって日本はいま、心配はいらないと知った。其の議論には、ときに紆曲（うきょく）はあるが、文が勝っていることは、すでに甚だしい。夫れ夷狄（いてき）の禦（ふせ）ぎ難い所以（ゆえん）は、文が無いことによる……文が勝れば、武事を競わず、妄動（もうどう）せず、利を戒めるものである。彼ら数子（伊藤、荻生、太宰ら）が経を談じ、礼を説くことが此のようであるから……日本はいま、心配はいらない』」

日本無憂論

といい、日本の侵略を否定している（日本無憂論）。さらに、「だからといってかれは、伊藤、荻生、太宰らの経書解釈に賛成していたのではない。むしろかなりきびしい批判をおこなっている……丁若鏞の『論語古今注』のなかには、「藤曰（いわく）」が二ヵ条、「荻曰」が四十一ヵ条、「純曰」が九十八ヵ条も引用されており、「藤曰」は伊藤仁斎の『論語古義』、「荻曰」は荻生徂徠の『論語徴』、「純曰」は太宰春台の『論語古訓外伝』からの引用である」としているが、春台からの引用が圧倒的に多いこともさることながら、当時の日本の儒学が、ともあれ国際的に、むしろ当時の先進国へ逆輸出していたことは注目

日本の儒学が先進国へ逆輸出

すべきところである。

春台の校刻書が先進国へ逆輸出

また『前沢著書』によれば、「春台が校刻したところの『孔安国伝』（注、孔安国は前漢の儒者で、孔子十一世の孫）は、本国中国に失われて我（日本）に残ったものだが、ついに彼国（中国）に伝えられて乾隆（清の高宗朝の年号）四十一年（一七七六年、日本の安永五年）に、『知不足斎叢』に収められた」（注、わかり易く書き直している）としているが、まさに文化の逆輸出の典型の一つであり、その国際性は注目される。

七　春台の逸話

剛直・圭角・直言の人

太宰春台は、すでに述べたように、剛直（気質が強くて心の正しいこと）・圭角（言語や行動がかどだっていて、円満でないこと）・直言（遠慮せずに自分の信ずる所をいうこと）等々、その独特な性格から生ずる話題の少なくない人だ。師の徂徠から「狭中小量（人を受け入れる心の狭いこと）は春台の大病だ」といわれたとき、春台は手紙を書き、「狭中小量は病では無くて純の性（生まれつき）ですから、仕方ありません……」といいかえし、さらに幾多の実例をあげて、「……やはり先生（徂徠）にも狭中小量の所がおありなのです」と反撃している。次に、いくつかの逸話を述べる（注、前出・重複もあるが、順序不同に、出典をわかり易く書き直して述べる。以下同じ）。

強記の人

○強記（きょうき）（気憶力がよいこと）

春台は十二～三歳のころに、日本国中の諸侯の系図をはじめ、その領地・禄高・紋所から朝士の官爵や姓名など、何でも暗記しており、質問すれば、とうとう一つの誤りもなく暗誦（あんしょう）した。

またあるとき、門人と塩政について論議したが、春台は天和年間から以後、その時点までの塩の値段について、全部間違いなく述べ、その他のことについても何でも知らないことはなかった。

また春台が一度見聞したことのある城郭や山や川などについても、どこどこと指名して質問すれば、それらの高さ・広さ・造り方、そのほか何でも、まるで目の前に見るように相手に語り聞かせた。

日頃の努力の賜である

これは春台の生まれつきの、記憶のよさにあるけれども、松崎観海が『行状書』に書いている次の言葉からも、春台の強記は常日頃の努力の賜（たまもの）でもあることがわかる。すなわち「どんなささいなことでも春台は必ず耳を傾けて聞き、その終始を詳しく知りつくさなければ止めない」と。

一読したことは、全部暗記

こんな話もある。春台は水戸藩士の知人が所持している『大日本史』を借覧するために、知人の家へ行って読みはじめた。しばらくしてお腹が空いただろうと食膳をすすめると、黙って食事をし、ふたたび読書に専念した。やがて日暮になると本をとじ、厚意を感謝して家に帰った。春台は一読したところは全部暗記していた。

大飯を食う女

○よく食う女

紫芝園の土蔵を修繕していたときの話である。左官と二、三人の雇い人とが働いており、春台は家人にいって茶を出させた。一服ということで、茶を飲みながら雑談がはじまった。雇い人のなかに独身の若者がいた。左官はその若者にいう。

「おまえは、どうして嫁を貰わねえんだ?」

「いいのが無え（ね）からです……」

「儂（わし）が世話してやろ……」

「お願いします」

よく食べる者には病気がない、春台は若者をほめる

「……だがなあ、儂が世話してえって女は、他(ほか)に取柄(とりえ)が無えんだよ……大飯を食(く)らうばかりでな……」

「そ、それで沢山(たくさん)でごぜえます」

この話を余所(よそ)聞きしていた家人は、たまらなくなって笑ってしまった。春台はいった。

「笑いごとではない。雇い人の申すところは、道理をわきまえた言葉だ。人のわずらいは病気が第一で、病気にかかれば、どんな技能も役に立たなくなる。富者はお金を減らし、貧者は仕事ができなくなり、いずれにせよ、好ましいことではない。ところが、よく食べる者には病気がない。病気がなければ仕事ができる。だから、達者でよく食べる者は、働くことができ、婦人であれば夫によくつかえられるだろう。だから病い気(け)がなくて、よく食う者は、他に技能はなくても飢えることはないはずだ。あの若者が他の技能に目をかけずに、よく食う女と結婚しようとするのは、本当に択(えら)ぶところを知っている者といわねばなるまい」

家人はなるほどとうなずいた。春台は医術を心得ているが、医薬に親しむ体であった。後妻の前川氏には持病があり、右の話は切実である。

○送迎の欠礼を戒める

送迎の欠礼を戒める

春台は、巌村侯の世子（第四世乗薀）の師として迎えられ、初めて巌村邸へうかがったところ、どうしたわけか、世子が自からお迎えも、お送りも礼をしなかった。そこで春台はいった。

「これはけしからん。自分が教えるところは聖人の道である。その道にお志がありならば、大名方であろうとも相当の礼儀がおありのはずなのに、この無礼は何ごとである。今日の非礼は自分に対するものではなく、聖人の道を蔑むお仕打である。以後は当方よりお断り申す」

春台は誇り高き儒者

当時の巌村侯は老中の一人であり、普通の儒者であれば、招聘されるだけでも光栄と思うのに、春台は自負と自任の誇り高き儒者であった。巌村侯の家臣らは気を悪くして、

「腐れ儒者奴が、身の程も知らずのたわごと……若殿様、ほかにいくらでも学者はございます」

と、ほかの師をえらぶようにと申し上げたが、乗薀はさっきの粗忽をあやまり、今度は礼を厚くして春台を迎え、以後謹んで教えを受けた。春台の著書『六経略説』（一巻）は、彼が乗薀のために書いたものである。

手紙の欠礼を直言する

欠礼は絶対許せない、という春台は狭量なのか？

○伊予守の手紙の欠礼を直言する

享保六年三月四日に、小石川伝通院で春台が火災にあったとき、本多伊予守忠統は見知りあいであったので、着物や金子などのお見舞をした。その際二人の間で手紙が往復されたが、伊予守からの手紙が礼儀に欠けていたので、春台は次のように伊予守を戒めた論書を徂徠に送っている。

往歳僕に報書を賜ふ。唯貴号を書して、貴名を書せず。且頓首等の字無し。僕聞く、書礼は輿台と雖も、必ず自ら其の名を書す、礼なり。頓首等の字に至りては、則君が臣を拝するの礼、天子と雖も之有り、況や書礼に於いてをや。何ぞ自ら之を辱しむるの嫌ひを為すや。純の如きは卑賤且狎(なれ)る。固より傷む無きなり。他人に於いては則是の如くなるべからず。昔は朝鮮の使者、書を水府義公に奉じたるに、名印を用ひずして字印を用ひたりしかば、義公之を咎め、朝鮮の人罪を受けて辞せざりき。君侯或は之を聞きしならん。

この論書は、徂徠に届かぬうちに、徂徠は物故しているが、いずれにせよ、春台の人をはばからぬ直言、とくに伊予守の厚志を、手紙に「号だけ書いて名を書かなかった」とか、「頓首を書いてなかった」などと直言したり、戒めたり、叱ったりする春台の狭量？　は注目される。春台の性格は、とにもかくにも、自分の信ずることに、ちょっとでも添わぬことは、絶対に許せなかったのである。

○入門と門人の能力に応じた教育

弟子の能力に応じた教育

春台は、礼儀作法のきまりを重んじる、几帳面な性格で、人を迎えるにも貴賤長幼の順で応対した。紫芝園で教えを乞う者に対しては、食事も忘れてきわめて精力的に、しかもていねいに繰り返し説いて、少しも労を惜しまなかった。しかし、ただ春台の名声だけを聞いてくるような軽薄者には入門を断った。こんな話がある。

不埒な入門者

春台と関係の深かった書商の須原屋新兵衛が、一人の門人を紹介した。しばらくして、次のような手紙が新兵衛のところへ届けられた。春台からである（注、現代文に直す）。

「石川伝八という者が先日貴殿の紹介で入門しましたが、その後紫芝園の勉強日に二度来ただけで、それ以後欠席しており、もう五～六十日にもなります。何とも不埒な者です。二度とあのような者を紹介してくれないようにして下さい。面接や入門についての話などに大いに時間を空費してしまい困ります」

しかし春台は、一度入門した者には、入門者がそむかない限り、その門生の能力に合った教育をして、必ず役に立つ人材に育てた。

「春台の門人は、みんな先王孔子の経世術を身につけて、それぞれの天分に適応した人材に教育された。春台は、きわめて厳格な人だから、弟子達もみんなよくなり、人品もすぐれ、能力のある人も、ない人も、それ相応に人柄は見事になっている」と評せられた。

春台の教育観

春台は、礼をつくして自分のところへ来て学ぶ者には、少しぐらい愚かな者でも気にしないで、それぞれの天分に応じて精一杯教育をするのが自分のつとめである、という教育観を持っていた。そして春台は師の徂徠のように「人の才」を賞揚しなかった。春台はいう、「人の才ありて学問するをほむるは、人を害するなり」と。

くさった炒子がとどく

○くさった炒子(いりこ)

『文会雑記』に次のような話がある。

春台が、本多中務殿（執政忠良）から炒子(いりこ)を一箱いただいたのを料理したところが、みんなくさった炒子であった。そこで春台は本多殿の役人へ手紙をつけて炒子を返した。

「自分はいやしい者ですが、聖人の道を質問なさるために、本多殿がおもてなしをされ

聖人の道を軽んず、と炒子を返す

たのであるなら、このような粗末なもてなしは、聖人の道を軽んじられるからというべきである。だからお返しする」と。役人はびっくりして「いずれこちらからお答えするから、使いの者は帰りなさい」といったが、春台の使いも、しっかり者で「主人は、ご返事をもらってこいといわれたので、ご返事をいただくまでは、いつまで待っても苦しくありません」といった。役人は仕方なく、中務殿に申し上げた。忠良も困ってしまい、いろいろと、あやまって、新しい炒子を贈った。

『赤穂義人録』批判

○春台の赤穂四十六士観

室鳩巣（むろきゅうそう）が、赤穂浪士の仇討をほめて『赤穂義人録』を書いてから、浪士の忠義をほめる声が、ますます高くなった。ところが春台は、次のような異論をとなえた。

「赤穂侯は、ちょっとした怒りにたえないで、殿中で人を傷つけた。これは大きな不敬だから、その身は死んで、国を除かれたことは、自業自得である。しかし吉良氏が赤穂侯を殺したとするのは間違いだ。神祖家康の法では、人を殿中で殺した者の罪は死にあたる。しかし赤穂侯は吉良氏に傷をつけただけである。それなのに幕府は赤穂侯に死を与えた。つまりその罪は重すぎる。

だから赤穂侯の家来たちが怨むべきは幕府ではないか。赤穂城をかたく守って、後継者を立てることを願い、もしそれがだめならば、城を背にして幕府の使者と戦い、力が尽きたら城に火をつけて死んで何が悪かろう。

良雄らはこの道を知らないで、手をつかねて城を開け渡してしまい、あとになってから、おかど違いの仇討をやっている。室鳩巣氏でさえ、間違って、これを義だといっている」

春台に対するきびしい攻撃

春台に対する攻撃はきびしく『太宰徳夫赤穂四十六士論評』『駁太宰純四十六士論』などいろいろの本で批判された。

門人蘭沢の『義臣論』評

春台には『義臣論』（二巻）があるが、春台の門人の井上蘭沢は、次のようなことをいっている。

「春台先生の気概は徂徠も及ばないほどだ。『義臣論』など目のさめたる論である。少し書いていっぱんの人に知らせたいことなのに、知る人がないのはおしいことである。赤穂四十六士の論も、なるほど春秋のさわぎならばもっともであろう。世の人の毀誉をかえりみないで、人の耳目をおどろかす奇論はみんな春台先生のものだ」

○春台の舞いと笛

舞いと横笛の名人

春台は、まえにもふれたように、京都で放浪中に、辻氏から舞いの免許状をもらっている。江戸へ出てから会合のときに、黒田豊前守からもらった舞衣をもっていた。

春台はまた笙(しょう)も吹くが横笛がもっとも得意で名手であった。徂徠も笙を吹いたが余り上手ではなかった。春台は「徂徠の奇を好む癖や、自他ともに許す風流」などに対して批判的であった。ところが、春台の弟子が同じように「世の人の毀誉(きよ)をかえりみないで、人の耳目をおどろかす奇論はみんな春台先生のものだ」(注、前出)と嘆いている。皮肉にも、徂徠も春台も「奇を好む癖・奇論」の持ち主であったのだ。

横笛の所望を断る

春台の高弟の松崎観海が撰した『行状』によると、春台は大神景豊(かげとよ)について横笛を学んでいたが、日光輪王寺の門主が景豊に、弟子中で一番笛の上手なのは誰かと聞かれたので、彼は太宰氏だろうと答えた。門主が春台の横笛を所望されたので、景豊はそのことを春台に伝えた。大いに光栄だと喜ぶだろうと思ったら、春台は「自分は儒者でありますから、学問のことについてのご下命でございましたら、謹んで仰せに従いますけれども、末技である笛のご所望とあってはお断り申し上げます」といった、とあるが、春台の偏屈な性格を示すものである。

第二　太宰春台の著書と主著の要説

本説に入るまえに、日本の儒学各派のあらましを述べておくほうが、全体の理解に役立つと思われるので、次に、檜林忠雄氏・衣笠安喜氏らの説述（『現代教養百科事典』「思想編」所収）、およびその他から、関係部分をわかりやすく述べる。

朱子学と朱子学派

林　羅山（1583〜1657）

(1)朱子学・朱子学派

朱子学は、中国の北宋の周敦頤（しゅうとんい）が唱え、程顥（ていこう）・程頤（ていい）兄弟が受けつぎ、南宋の朱子が大成した儒学で、宋学ともいう。宇宙は理・気二元からなるとし、人性の本質もこれで説明（性理学）、「格物致知（かくぶつちち）」（後天的な知を拡充―致知―して、自己およびあらゆる事物に内在する個別の理をきわめ、究極的に宇宙普遍の理に達する―格物―ことをめざす、という学問・修養法）による実践道徳を唱えて、大義名分論を重んじた。日本へは鎌倉末期に禅僧によって伝えられ、南朝（吉野朝）が正統性を主張する理論的根拠ともなり、以後五山の僧を中心に発達した。江戸時代初期に林羅山（はやしらざん）によって幕府の官学となり、幕藩体制の思想的な支柱となった。

朱子学派は、江戸時代の官学であった朱子学を奉ずる儒学の一派である。江戸初期に藤原惺窩（せいか）の弟子林羅山が幕府の儒官となり、以後林家（りんけ）は代々昌平坂学問所で幕府の文教を受けもち、幕藩体制の思想的支柱となった。また同じく惺窩の弟子松永尺五（せきご）の門に木下順庵（じゅんあん）が出て、多くの人材を生んで、全盛期となった。いっぽう、名分論を重んじる山崎闇斎（あんさい）の系統からは尊王論が生まれた。

江戸中期以後は、陽明学派や古学派などの発展で生彩を失い、寛政異学の禁などの努力も大勢を変えることはできなかった。おもな流派に、「京学」（江戸時代に、京都を中心に発達した。惺窩の流れをくみ、とくに木下順庵が有名で、門下に新井白石・室鳩巣・雨森芳洲らがいる）・「南学＝海南学派」（室町末期に南村梅軒が土佐国ではじめた。梅軒の弟子谷時中が確立。門下に野中兼山・山崎闇斎らがいる）・「薩南学派」がある。

林羅山

(2)陽明学・陽明学派

陽明学と陽明学派

陽明学は、中国の明の王陽明が唱えた儒学の一派である。知と行は一つの働きだとして（知行合一）、心が当然とする理は物の理でもあるとした（心即理）。また良知を進めることにより、人は十分な働きができる（致良知）と説き、実践を重んじた。日本では江戸前期の中江藤樹（とうじゅ）が、陽明学をはじめた。朱子学を兼ねた者も多い。

中江藤樹

陽明学派は、江戸時代に陽明学を奉ずる儒学の一派である。江戸前期に中江藤樹にはじまり、弟子に熊沢蕃山が出て、実社会にも着目し、岡山藩主池田光政につかえて政治にあずかった。幕末に佐藤一斎や大塩平八郎らが出た。

中江藤樹（1608〜1648）
（『先哲像伝』国立公文書館内閣文庫蔵）

(3)古学・古学派

古学と古学派

古学派は、主観的内省を主とする朱子学や陽明学を儒学本来の精神から遊離したものだと批判して、孔子・

孟子の古意、すなわち古学を継ごうとした江戸時代の儒者の一派である。客観的な道を孔・孟の原経典のなかから直接にもとめ、これを生活の規範として、社会組織のなかに実際にあらわそうとした。そのため実学を重視して、社会の変化に対する歴史的な理解を基本的な特徴とした。おもな流派に、次の三派がある。

①山鹿素行の学派＝聖学・古学派（日本主義的な傾向がいちじるしく、武士道を説く。古学の開祖）

②伊藤仁斎の堀川学派＝古義学派（仁＝愛を学問の中心におき、道徳を主とする。人間の主体性の回復を説く。論語・孟子中心主義）

③荻生徂徠の蘐園学派＝古文辞学派（古文学・古文を重んじ古典の本質に迫ろうとする。聖人の道を従来の道徳的な解釈でなく、治国済民の政治学（政治経済学）として理解する。六経中心主義）

古学は、素行にはじまり、仁斎・東涯父子、さらに徂徠やその高弟らによって、いっそう高められ、国学にも影響を与えた。しかし近世の儒学が理論的な統一性のある思想体系をもち得たのは、古学派の最後を飾った徂徠学＝古文辞学までである。

山鹿素行

(4) 折衷学派

折衷学派は、朱子学・陽明学・古学の、それぞれの長所を選択折衷して、穏当な学説の提出をこころみた、江戸中期の儒者の一派である。宝暦〜明和年間（一七五一〜七二）に、徂徠の影響を受けた井上金峨・片山兼山らが提唱し、田沼意次のころに全盛であった。文献考証や道徳学の面で成果をあげたが、独自の理論的創造発展は見られない。

丸山真男氏によると、「徂徠学が、後継者においてますます分裂し、頽廃しながら、他方宋学（朱子学）は、古学派から受けた傷の恢復になやんでいるとき、儒学界に進出してきたのは、井上金峨・山本北山・亀田鵬斎・細井平洲・片山兼山……らの、いわゆる折衷考証学派である。……〈しかし〉折衷はどこまでも折衷で、創造もなく、理論的にはほとんど新しいものを提示しなかった」としている（同氏著『日本政治思想史研究』一四五〜六ページ）。

一　春台の著書

春台は博学宏識で、天文律暦・算数・字学・音韻・書法・仏学・医学などに通暁し

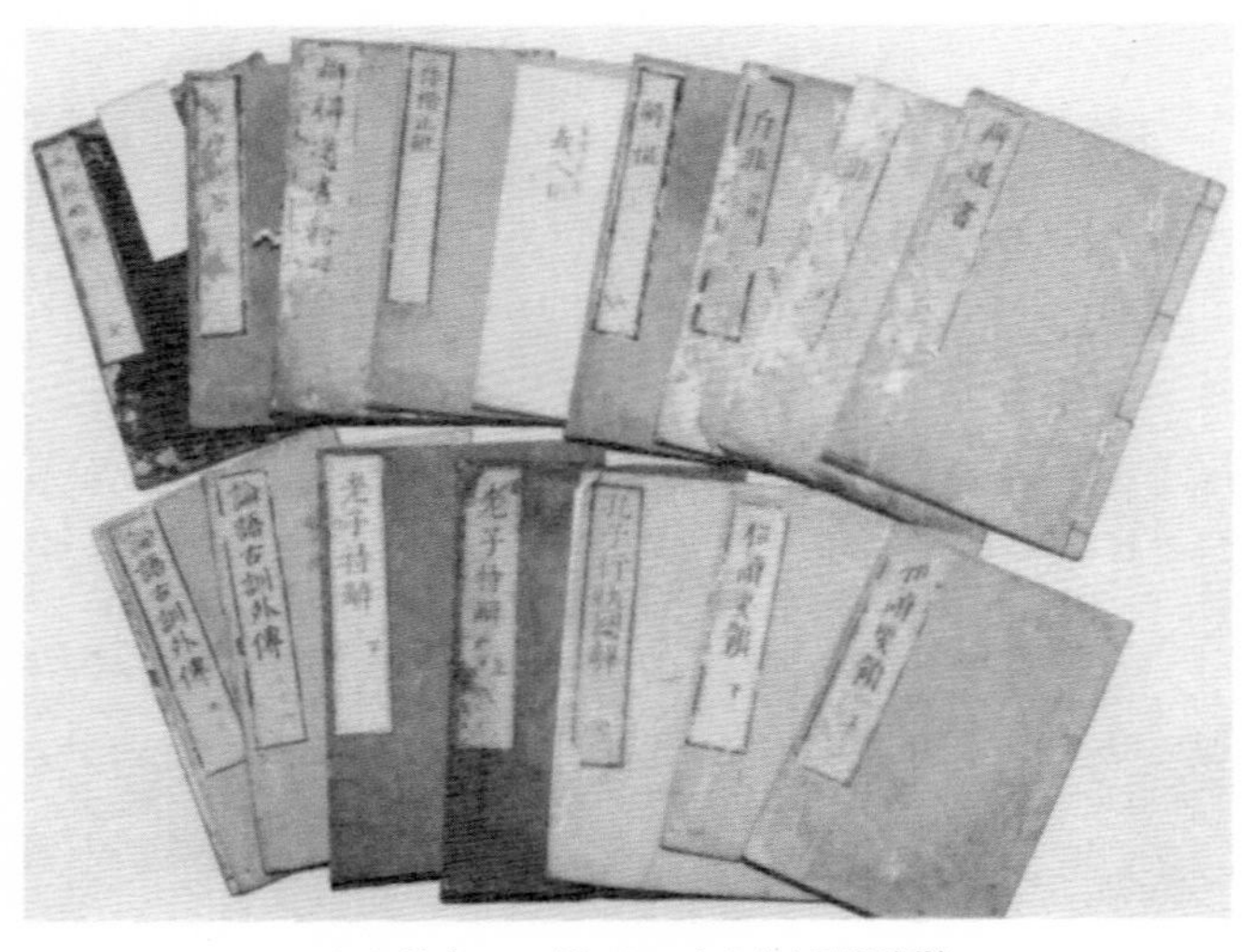

春台著書の一部（飯田市立中央図書館蔵）

ていた。次に春台の著書を、ほぼ刊行年次順にあげる。

『和読要領』（三巻）

倭読とは、倭語（日本語）で書を読むことである。古くから菅江二家の読法というものが伝わっている。その後薩摩の僧文之や林羅山の読法にならう者が多くなるが、その法にはたがいに得失があり、たいてい句読を知らず、文法を理解せず、また字義も知らず、倭語の意で読むために文義を誤っているものが少なくない。その中でも優れた山崎闇斎でさえ後人を迷わすものがある。春台は本書において、倭読（和読）の規矩（手本）を示している。本書は、上・中・下巻、計十六章からなる倭読の正しい指導書として書かれたものである。

享保十三年（一七二八）自序。同年刊行。

『経済録』

『経済録』（十巻）（飯田市立中央図書館蔵）

『経済録』（十巻）

和文で書かれた大著で、現実の政治・経済のあり方についての春台の考えを体系的に述べたもの。春台の高弟の松崎観海撰の『行状』のなかに「先生の志を知ろうと思う人は『経済録』を見れば足りる」とある。

春台が備前の湯浅氏へ与えた書中で「純（注、春台の名）すでにその立論に誤りの多いことを知る。考えがまだ尽くされていない」（注、『経済録』の論議に間違いの多いことに、早くから気付いている。そして自分の本当の考えが、まだ尽くされていない。いずれ改編しようと考えている、という意）といっているが、ここにはきわめて重要な意味がふくまれている（注、本書は後で詳述する）。

享保十四年（一七二九）自序。同年刊行。

『重刻古文孝経』（一巻）

先王の道は、孝より大なるものはなく、仲尼（孔子の字）の教えは、孝より先なるものはない。これを伝える孝経に「今文」と「古文」の二つがあるという。その後二程から朱熹にいたって孝経を疑い、朱子は本経を改易している。春台はこれを非として、本書を浅田思孝の助成費によって上梓している。

享保十六年（一七三一）自序。翌十七年刊行。寛政六年（一七九四）再版。

『上書』（一巻）

天変を説き、地異を記し、人君たる者は戒慎して、万機に心を用いなければならぬことを論じ、時の執政拾遺丹治公を経て将軍へ建白した書である（注、これはいわゆる『上書二』であり、別に前年建白した『上書一』がある。なお『上書二』の全文は、本書の第四、二、1、

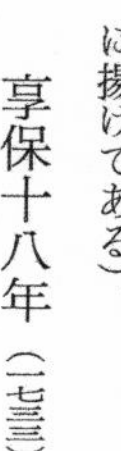

に揚げてある)。

享保十八年(一七三三)。

『聖学問答』

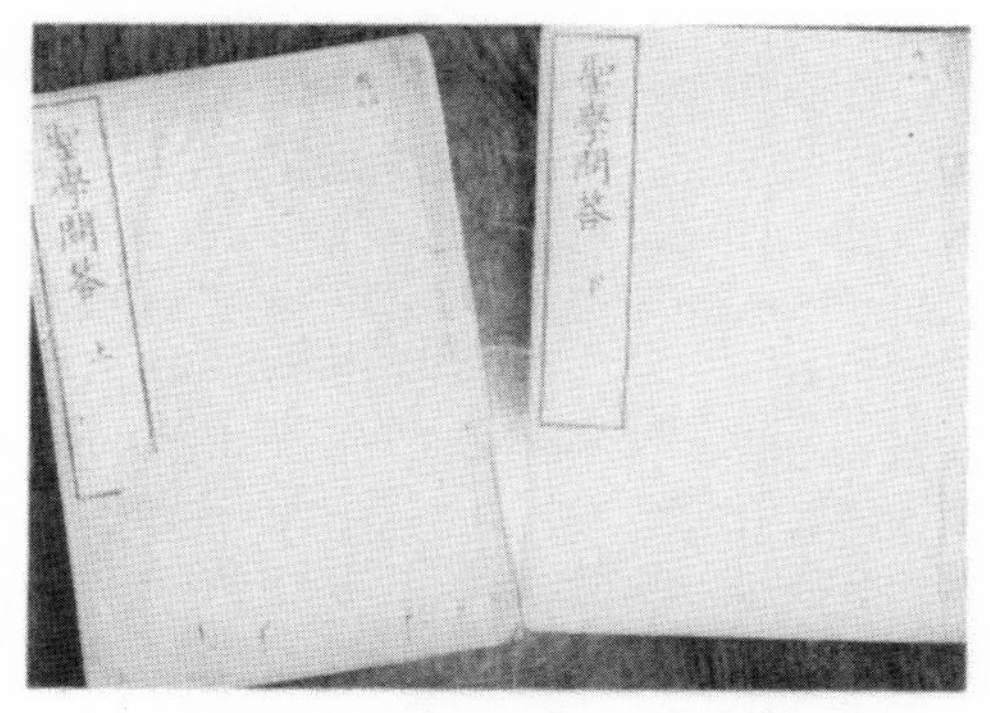

『聖学問答』(上・下)(飯田市立中央図書館蔵)

『弁道書』(一巻)

儒学と仏教および神道との立場のちがいを明らかにしたもので、とくに仏教排撃に主眼をおく。『聖学問答』の姉妹篇、ただし刊行は該書が一年早い。徂徠の『二弁』(注、『弁道』と『弁名』)同様、諸学者の批判を受ける。

享保二十年(一七三五)水野元朗序。同年刊行。

『聖学問答』(二巻)

春台の主著として、一般にあげられるのは、『経済録』(十巻)と、この『聖学問答』(二巻)である。

師の徂徠が六経をもって学とし、孔子をもって帰とし、論語をもって規矩準縄（きくじゅんじょう）として、孟子以下これに違うを非として古学を立ててから、春台はこれに従って、よく勉め考えて、先王の旨を得て、孟子より以下程朱の性理学にあやまりがあって、しかも浅薄で取るにたらないことを論じた和文の書である。該書は復古学の普及に大いに役立った。

春台の豪語

『聖学問答』「巻之上」において春台は「もし只今にも孔子に拝謁（はいえつ）して、純の所見をあらわして、その是非を正そうとすれば、おそらく孔子は必ず自分に印可（いんか）（注、悟道の熟達を証明すること、免許）したもうであろう」というほどに、孔子の道をきわめたと豪語していることなど、春台の学問姿勢が、師の徂徠に似ている。この姿勢は、春台の自信の強さを表明するものであり、「柔軟な思考に欠けた、硬直した思考」と批判される。

享保十七年（一七三二）自序。水野元朗序にて元文元年（一七三六）刊行。

『論語古訓』

『論語古訓』（十巻）

徂徠の『論語徴』に、『論語』の本文をのせていないので、それを補うとともに、古本にもとづいて厳密に校訂された『論語』の本文を作ろうとしたもの。元文二年（一七三七）自序。同四年（一七三九）刊行。その「正文」は宝暦・天明の二度に出版。

春台の『孔子家語』に対する批判

『孔子家語増注』（十巻）

春台は孔門の諸家がおのおの孔子から聞いたところを記したものと信じ、『家語』を尊ぶことは『論語』と同様であった。

しかし、この春台の考えが間違いであるという指摘もある。春台の高弟、松崎観海は「『孔子家語』は、孔子よりも、ずっと以降に作られたもの」といい、また尾藤正英氏は「『孝経』も『孔子家語』も、『論語』のような孔子に近い時代の文献ではなく、戦国時代もしくは漢代以降に孔子の語に仮托してつくられた書物……」という。

元文元年（一七三六）自序。寛保二年（一七四二）刊行。文化十一年（一八一四）再版。

『経済録拾遺』は、きわめて重要な著書

『経済録拾遺』（二巻）

前掲の『経済録』の一部を問答体で補ったもの。とりわけ「食貨」の巻は、前著を大幅に、また根本的に改変したもので、春台が日本の経済思想史上における「転換期の経済思想家」として巨大な足跡を残すにいたるほど重要なもの。詳しくは、前著とともに後述する。

構想や草稿は、早くからできていたとみられるが、刊行は延享元年（一七四四）ころ。

『斥非』（一巻）

古来からの書式・称呼・複姓・和韻・連句・寿詩その他詩文に関する雑事のあやまりを正したり、心得を書く。

享保十年ころの稿であるが、四方に流伝し、盗刻もあった。延享二年（一七四五）原尚賢の序。同年刊行。明和四年（一七六七）の再版もある。また文化二年（一八〇五）に大坂の河内屋が出版。

四方に流伝、盗刻もあった

『論語古訓外伝』（二十巻）

春台はすでに古訓を刊行したが、初学者には入り難いところがあるので、本書を執筆した。

水野明卿がこれを見て大いに喜び、費用を出して該書を刊行したいと、書商の小林延年とともに春台に懇願したが、数十年の後、論が定まるまで待って公にしても遅くはないと春台はいった。しかし、天命は測られず、知己は遇い難い、ということで、ようやく許諾を得て、上梓となった書である。時に春台は六十六歳であった。該書は、仁斎はもちろん、徂徠とも意見の一致しないところがある。

寛保元年（一七四一）自跋（じばつ）。延享二年（一七四五）刊行。

『六経略説』（一巻）

巌村侯の世子のために書く

巌村侯の要望によりその世子のために、六経すなわち詩・書・礼・楽・易・春秋の要点を略説。

延享二年（一七四五）松崎観海序。春台後序。同年刊行。

『朱子詩伝膏肓』（二巻）

朱子の勧善懲悪主義の詩伝を排す

朱子の勧善懲悪主義の詩伝を排して、自ら信ずるところを披瀝（ひれき）している。別に朱子が詩に達していないことを論じた『読朱子詩伝』が紫芝園稿中にある。

享保十五年（一七三〇）自跋。延享三年（一七四六）刊行。

『周易反正』（十二巻）

該書は、第一巻上経、以下、下経、上彖伝、下彖伝、上象伝、下象伝、上繋辞伝、下繋辞伝、文言伝、説卦伝、序卦伝、雑卦伝の十二巻からなっている。易道撥乱に対して、さらにこれを反正せしめるためにこの書を著したとある。

延享二年（一七四五）脱稿。延享三年（一七四六）序。

『易道撥乱』（一巻）

易には自ずから易の道があり、他経とは異なるのを、朱子はこれを常道として、理気心性をもってこれを説いた。春台は、朱子本義の非を正そうとして本書を著した。

延享四年（一七四七）序。稲垣長章。

『文論』（一巻）

作文修辞の法を論述した本。七篇からなり、古文辞に対する春台の意見を知ることができる。元文四年（一七三九）になる後世修辞文病三十一則を付録としている。

寛延元年（一七四八）刊行。植村正直序。安永二年（一七七三）再版。

『詩論』（一巻）

詩文に走った蘐園社同人の批判をふくむ

詩の意義・起原・変遷を述べ、無理に詩作することの無意味なことを指摘し、太白・子美・干鱗らが、ついに文士で終わったことをあわれんでいる（注、蘐園社の同人の多くが詩文に走り、ついに文士で終わったことに対する批判をふくむ）。

寛延元年（一七四八）刊行。のちに『文論詩論』と題して、前掲の『文論』と合わせて、大坂河内屋から出版。

『産語』（二巻）

巧みな漢文体の経済書

春台は徂徠の蘐園社において、この『産語』を同門のものに見せている。したがって、少なくともその草稿は正徳の初年ころにはできていたはずである。この本はおもに経国理財の道を述べた漢文体で、成文の巧みなことは、秦漢の古文に恥じない。『経済録』などとともに、春台の経済書の一つ。

寛延二年（一七四九）宮田明序。同年刊行。のちに品川弥二郎は、かなまじり文として

これを刊行。

のちに品川弥二郎がかなまじり文で刊行

『紫芝園前稿後稿』（二十巻）

『春台先生文集』前稿五巻、後稿十五巻。門人によって編集された春台の詩文集。付録として春台の碑名・墓誌・行状書などがある。これらは春台の遺命によって、門人の稲垣長章・堤有節が輯校したもので、三井親和・宮田明・植村正直らの門人の書になる。梓成の日に松崎観海は詩を献じている。

春台の詩文集

宝暦二年（一七五二）稲垣長章序。堤有節跋。同年刊行。

『紫芝園国字書』

読書写字の手びきとして、春台の養子定保が編集。答水野氏書、答某上人書、答石田氏書、答杉江氏書の四篇からなっている。

養子の定保が編集

宝暦三年（一七五三）太宰定保序。同年刊行。

『詩書古伝』（三十四巻）

詩書の基礎的な研究書

詩経および書経の目標を掲示して、これを詳しく考解した基礎的な研究のもので、徂徠の没後、十年かけて完成。書名は徂徠が生前につけている。『文会雑記』に「春台も甚だ古伝には骨をおられた書である。十八巻以下は大幸伴十郎が浄写した」とある。

元文二年（一七三七）服部元喬（南郭）序。同四年（一七三九）山県周南序。延享五年（一七四八）大幸清方跋。宝暦七年（一七五七）大塩良序。同年刊行。

『老子特解』（二巻）

この仕事中に春台病没

老子の古訓を用いて、これを解き、諸家の旧説によらないで、独自の意見を加える。この仕事中に春台は病没した。門人宮田明が五十章を続注して刊行。

春台の序。宮田明の跋。淡海宇野公台の序。天明三年（一七八三）刊行。

『易占要略』（一巻）

右京氏易法は、漢時代の易家に用いられたものだが、後人がこれにいろいろな陰陽雑説を付け加えて、きわめて冗雑（じょうざつ）なものとしてしまった。本書は、右京氏易法のなかの大法のみをとって、簡単に通用するように書いたもの。

稿了延享元年（一七四四）、門人の市野光業校。文政三年（一八二〇）大坂心斎橋北河内屋儀助から発行。

『独語』（一巻）（刊行年次不詳）

当時の文の模範

和文の随筆。文芸・音楽・風俗など、子供のころからの見聞を書く。なかでも茶道の一段は、当時の文の模範。また日本の音楽史研究上有益。「云ひたきこと云はぬは、腹ふくるゝわざなりと、昔の人の云へりしは誠なり」とかなまじりの和文で書き出している。

『修刪阿弥陀経』（一巻）（同前）

阿弥陀経中の一部を、その原文によって修正して、門人のなかの僧侶に示したのが始まりで、門人の要請により、これを急いで大成。春台は、釈迦の文を好む者に修辞の道を知らしめようとした。

『紫芝園漫筆』（八巻）（同前）

道を論じ、人物を月旦（批評）し、文を解き、詩を頌し、酒を談じ、書を語り、星を識るし、変を慮り、医を戒めるなど、逸話を記録した変化に富むもの。

『乱婚伝』（一巻）（同前）

「夫婦は人倫のはじめ」として、乱婚を戒める

諸侯の乱婚を例をあげて槍玉にあげ、「夫婦は人倫のはじめであり、婚姻は夫婦のはじめである。人間が禽獣と異なるのは、礼義であり、礼義にかかわるところは婚姻が最大である」として、戒めている。実名四百余侯。飯田侯親庸もふくまれている。

『親族正名』（一巻）（放浪時代の作）

放浪時代の作

孔子曰く「名正しからざれば、則言順ならず、言順ならざれば則事成らず、事成らざれば則礼楽興らず、礼楽興らざれば則刑罰中らず、刑罰中らざれば則民手足を措く所無し」というように名はきわめて大切なものである。とくに肉親関係において、その名を正すことの必要性を感じて書いたものを、請われるままに上梓した。

序に「余二十年前所撰著」とあるので、京都を中心とした放浪時代の作とみられる。

享保十年（一七二五）自序。同年山県周南序。

同じく放浪時代の作

『観放生会記』（一巻）（同前）

宝永五年（一七〇八）に、京都を中心に放浪生活をしていたころに、男山八幡宮の放生会を見たことについての和文書。文化四年丁卯（一八〇七）杏花園書の奥書がある。

その他、計四十種余りの著書がある

その他、次の著書がある。

『律呂通考』（一巻）。『倭楷正訛』（一巻）。『和漢帝王年表』（六巻）。『新撰唐詩六体集』。『論語古訓正文』（二巻）。『義臣論』（一巻）。『商子注』（一巻）。『近体詩韻』（一巻）。『俗語解』（三巻）。『興観集』。『武徳編年集成』。『磨光韻鏡』ほか。

二　春台に対する諸学者の評価

春台の経済書の要説に入るまえに、日本の諸学者が、彼に対してどのような評価をしていたかについて述べる。まず「大日本思想全集月報・第十一号」（昭和八年）の(2)「太宰春台集」から現代文に直して述べる。

春台に対する評価と批判

徂徠門下で経学の上において、第一人者といわれたのは春台である。徂徠が江戸っ子であるのに対して、春台は信州の出身で、徂徠のように豪放な英傑的素質を持っておらぬが、そのかわり明智な頭脳を持っていた。徂徠はものごとに頓着しないで細かいことなどに触れなかったが、春台は楊枝(ようじ)で重箱の隅をほじくるようなところがないではなかった。そういう傾向はあったにしても、その経学を研究する態度はすこぶる用意周到で、徹底的に学者肌の人であった。

賀茂真淵らの猛攻撃

彼の思想は、大体において、徂徠の考え方を敷衍(ふえん)していくというに止まっていたが、これを説くにあたって、彼は明快に論理のあとをたどった。徂徠は極端な中国崇拝者で、自ら東夷と称したくらいで、孔子の前においてはまるで臣下のごとき礼をとるといったような有様だった。それは恰度今日の学者が、欧米を崇拝して、一も二もなく欧米の前に冑をぬぐのと同様である。春台にもそうした傾向が多分にあって、日本には古来道というものがなかった。道は中国から伝えられたもので、日本人はそれに教えられたのである。中国から先王孔子の道が来たので、初めて日本は道徳的生活をおくるようになったのだ。こういうふうに春台は古代日本を侮辱(ぶじょく)するがごとき口吻(こうふん)をもらしたため、賀茂真淵のごとき人びとの怒りに触れたのであった。真淵は春台の説に対して猛烈な攻撃を加え、日本には道がないのではない。道は古代からすでに存在していた、不言実行していたのだ、ということを明らかにしたのである。それが動機となって、当時の学界に一大論議を惹(ひ)き起したのであった。

春台の仏教、神道の非難

春台の言うところは、一方に偏して余りに儒教を尊敬するために、仏教および神道をことごとく非難し、「仏教は非国家的である」とまでののしったが、それには日蓮上人のごとき国家的宗教を唱えたものがあるということを全く無視している。また神道は儒教よりもはるかに劣等なもので、その組織は仏教を真似(まね)て、しかも仏教に及ばないというような、独断的なことを述べている。けれどもその説き方は、

賀茂真淵（1697〜1769）

いかにも巧妙でうっかりしていると、彼の主張に引きこまれてしまうような力を持っていた。それに言うことがいかにもはっきりしていて、しかもいちいち事実をあげて言うので、いかに彼が儒教のプロパガンダ（注、宣伝・吹聴）に成功したかということを知ることができる。

春台は徂徠と同じく、政治経済上に一家の識見をそなえていた。それは万事中国的であったが、言うことはなかなかしっかりしていて、漢学者特有の迂遠なところが一つもない。彼の経済録が徂徠の書いた政談とともに、専門学者の間において、特に重んぜられるのは当然のことといえるであろう。元禄時代（注、元禄〜享保）の政治経済界を知るには、どうしても彼の経済録と徂徠の政談とをあわせて読まねばならない（注、原文は旧仮名づかいである。なお本文の筆者は不詳）。

野村兼太郎氏の春台に対する評価と批判

次に、野村兼太郎著『徳川時代の経済思想』（昭和十四年）の(2)「第六章　太宰春台」から現代文に直して述べる。

徂徠門下中最も学識道徳において盛名があった者は春台である。徂徠没後その一門は二派に分れ、一は詩文を主とする服部南郭に就き、他は経術を主とする春台を推した。春台は性剛毅狷介なのに対し、師徂徠は英気高邁であった。春台は師の説に対しても決して常に賛同する者ではなかった。ことに徂徠の古文辞を喜び詩文を尊重することを痛く斥(しりぞ)けた。

春台に対する酷評

徳川時代を通じて経済を論ずる者は多い。しかし大部分が断片的である。初期において比較的まとまれる大著作は山鹿素行の「山鹿語類」であるが、中期においては、太宰春台の「経済録」である。「文会雑記」巻之五に、「日本ニテ国初已来(いらい)経済ヲ云人熊沢・白石・徂徠・春台四家ナリ、白石ハトカク江戸ヲ禁裏ノ如クスルツモリノヤウニ見ユ、武士ト云フ事キラヒナリ、武備ユルミタラバ乱起ルベシ、然バ唯正名ト云ハカリニテ経済ハ次ナルベシ、熊沢ノ経済ハ革命ノ時ナラネバ用カタカルベシ、春台ノ経済モ只今ノ通リニテ、少官名ナドヲツケ、官服ヲコシラユルマデノコト見エテハキトシタルコトモ見エズ、徂徠ノ政談モトカク今ノ上ニテ少ヅツ端ハツレヲ直スコト故、本ノ経済ニハアラジ」といえるは、いずれも妥当な批評とはいえないが、ことに春台の「経済録」に対するものは酷評たるを免れない。

「経済録」の評価

また滝本誠一博士は、「春台の経済録は大要徂徠の説と同くして、別に新機軸を出したる卓説ありとも思われず、徂徠が政談に述べたる所に熊沢了介あたりの意見を参酌して、淘冶作成したるものに過ぎざる様なれども、宏識博学の大家だけあって、その引用例証する所の事実など、すこぶる面白くして、行文また比較的流暢なるが故に、読者をして一読手を釈く能わざらしむるの趣あるは、さすが春台の著作として、永遠に伝うべき貴重な書き物たるを失わないであろう」と批評されている（「日本経済思想史」）。しかしこの批評もまたやや春台に酷なる感がある。もとより春台は徂徠の祖述者である。しかし徂徠の「政談」よりも遥かに整えるものである。もし新機軸を求むるとせば、わが徳川時代の諸学説中の大部分がいずれもほとんどなしといってもよかろう。春台の経済録のみではない。しかしとにかく自家の信ずる見地から多くの事項に統制を与え、まとめ上げるということは一つの大なる功績として認むべきであろう。単にその博識と達文とのみを以て止まるべきものではない。

「経済録拾遺」の評価

春台の議論はきわめて消極的であり、また当時の社会状態においては先ず穏当な意見と見るべきものである。しかしそれだけに何らかの卓抜せる意見を発見することは困難である。その土着論のごときも徂徠のごとく、それを中心として力説するものではない。その点はあるいは春台がかくのごとき自然経済に帰ることを不可能——少なくとも困難であると考えていたのではないかと思われることがある。それは彼が「経済録拾遺」と題する一書中に論じている積極策から推測されるのである。

元来徂徠学派（注、蘐園学派）は仁斎学派（注、堀川学派）などと異なり、著しく功利主義的傾向を有する。従って春台が「経済録拾遺」での議論はあえて異とするに足りない。しかし他方当時の諸侯が事実上商業化しつつあったことが、その実際的背景となっていたのであろう。しかし何れにしてもこの議論は「経済録」における貨幣経済反対論とは相容れない。ことに商業藩営論は同書には全く見られない積極的議論ということが出来よう。もし春台がこの見地から彼の食貨論をなしたなら、一層大なる貢献を徳川時代経済思想になしていたことであろう。

再び「経済録」の評価

春台の議論はすでに多くの人びとが指摘するごとく、何ら独創的なものとはいえない。しかし彼がその博学を以て体系づけた「経済録」十巻は徳川時代の諸家の経済論中最も整えるものであろう。その歴史的考証のごときも、当時としては、先ず十分と見得られるであろう。「食貨」篇でも明らかなように、比較的よく体系づけられている。多くの徳川時代の諸著作の有しているような雑駁（ざっぱく）にして不統一な欠陥を有していない。

多才な春台

これは一つは春台がきわめて才人であったからでもあろう。彼は算数の理に達し、音楽にも通じ、笛を吹き、舞楽にも堪能であったといわれている。しかし彼の議論が徹底的のごとくにして、非徹底的であるのは、また独創的のごとくにして、非独創的であるのは、あるいは彼の才と博学とがかえって累（注、わずらい）をなせるものではなかろうか。吾人は彼の経済論においてしばしば問題を未解決のまま放棄していることを知る。もちろんこれは彼のみの弱点ではない。ことに徳川時代の論者の多くに存する弱点である。しかしそれがやがて春台をして綜合的な述作としての「経済録」を著作せしめたゆえんであろう（注、原文は旧仮名づかいであるが、片仮名部分のほかは、わかりやすい新仮名の現代文に直してある）。

才と博学が累をなせるのか？

次に、『日本経済大典・第九巻』（滝本誠一編、昭和四十二年）の「解題」から、春台の主要経済関係著書のあらましの抜粋を現代文に直して述べる。

「経済録」の評価と批判

「経済録」

本書は享保十四年に成りたるものにして、その内容は之を十巻に分つ。その論述する所は、徂徠の政談に似て雑駁なる政治経済論なれども、当時の著作としては比較的最も完全なるものである。而して本書は政談と共に盛んに行われ、板本・写本ともにその種類甚だ多く、従って往々その字句、文章を異にする所あり。何れを是とし、何れを非とするや、読者をして取捨に苦ましむるものなきにあらず。

「経済録」の偽作か誤伝か？「経済録」盛んに読まれる

本書の第一巻経済総論は、荻生徂徠の著作「経済総説」と題する単行本となりて、世上に流布し、又五井蘭洲の「政事辨」として伝えらるるものも、また此の経済録の第一巻と第二巻の一部分とを綴合せたるものにして、故意の偽作か、はた著作者の誤伝か、何れか判然せざれども、とにかく此等の事を以てしても、春台の経済録が、当時いかに盛んに行われいたるかを証するに足らん。

「経済録拾遺」について

「経済録拾遺」

本書は前記経済録中の食貨（第五巻）及び制度（第九巻）に洩れたる事柄を、問答体に論述したるものである。

「産語」について

「産語」

本書十二篇は、皆殖産治世の事にして、多くは管子・晏子・李悝・自圭等の語を簡潔なる漢文にて録したるものなるが故に、題して産語と云う。産は生産の意味である（注、新仮名に直してある）。

三　『経済録』要説
――重農主義的経済思想の低迷――

1　序　説

『経済録』は春台の主著の一つ

太宰春台は四十種以上の著書をあらわしている。従来の諸学者は、春台の主著は『聖学問答』と『経済録』であるといい、ほぼそれが通説となっている。なるほど『聖学問答』は、まえにもふれたように、師の徂徠が樹立した古学を、さらに精密化して復古学の普及に大いに役立ったが、説述における過信や豪語の余り批判も少なくなかった。

春台は、経学（儒学）では師の徂徠を超えることはできなかったが、経済思想と経世学（経世済民の学）では、師を超えるにいたるのである。

徂徠の経済関係の主要著書は、『政談』と『太平策』であるが、春台のそれは、『経済録』と『経済録拾遺』および『産語』である。従来の諸学者が、春台の経済思想の転換について認識がないのは、『経済録拾遺』を未見か、無視または軽視していたからである。それらについてはのちに詳しく述べるが、ここでは『経済録』について概説する。

『経済録』は十巻からなる

『経済録』は、次の十巻からなる。

第一巻　経済総論、第二巻　礼楽、

第三巻　官職、　第四巻　天文・律暦・地理、

第五巻　食貨、　第六巻　祭祀・学政、

第七巻　章服・儀仗・武備、第八巻　法令・刑罰、

第九巻　制度、　第十巻　無為・易道、

「食貨」が主要である

しかし経済関係の説述は、上掲の第五巻「食貨」であり、この巻（食貨）が全十巻の二〇・五％の頁数を占めている。次に「食貨」について、その概要を述べる。

「経世済民」が道徳および政治の根底

春台は、「食貨」は天下の人（上は天子から下は庶民まで）の治生の道である、とするのである。しかも国の政事（政治上のことがら）で、もっともたいせつなものは「食」で、その次が「貨」であるとする。この考え方は、経世済民が道徳および政治の根底であるとする、いわゆる「経済優位論」である。これはともすれば個人にかかわる心的・道義中心の思想をはるかに超える、むしろ当時としては異質ともいえるものであり、その意味では近代的な思考に近いものである。そして食貨の政治的・社会的重要性を、いくたの事例をあげて立証する。その記述は説得力に富み、観念論や反社会的なものを排除する。

しかし、精読してみると、それらの論議の中に、後述するような、春台の経済思想の迷い、ないしは動揺は見逃せない。

春台の思想的根幹

春台の論議の思想的な根幹が、やや過剰と思われるほど中国の古聖人やその亜流の諸賢人や師の徂徠にも影響されているとはいえ、何よりも彼の強味は、学問の成熟期、いや人生のほとんどが権力に媚びる必要のない処士（仕官しない在野の浪人）であり、彼の天性明晰な頭脳と時代に対する深い洞察力が、とりわけ元禄期から享保期にいたる社会・経済情勢の激動期＝転換期を、冷静に観察することができたことである。

衣食足りて礼節を知る

春台はいう。貴人も賤人も、身分に関係なく、衣食がなくては一日も暮らせない。礼義は人が守らねばならぬ道だが、飢えと寒さが身にせまってくれば、礼義さえ忘れるのは人の常である。中国春秋時代の斉国の賢相で、法家の祖といわれる管仲が、「米倉がいっぱいになって礼節を知り、衣食が足って栄辱を知る」といっている。衣食足りて礼節を知るのである。

春台の食と貨の分類

次に食貨論において論議の対象となる事項について、春台の考えをわかりやすく整理して示す。

(1)食は人の食物（喰物）である。

米穀、五穀（米・麦・豆・あわ・きびまたはひえ）

(2)貨は貨財や宝貨で「たから」と訓む。

①人の生涯を助けるもの。

(イ)布・絹・綿・木綿など（体をおおい、寒さを防ぐもの）

(ロ)塩・茶・酒・しょう油・魚・肉・副食物・野菜など（五穀をたすけて体を養うもの）

(ハ)たき木・油・炭など（日用使う燃料など）

(ニ)器物や竹・木・砂・石など（日常使うものや諸材料）

②物に代わって用を足すもの、貨幣、すなわち銭（昔は、水が地から湧いて流通することから、今の銭を泉といった）。

(イ)金銭（今の世の金子・大判・小判の類）

(ロ)銀銭（今の世の銀子・丁銀の類）

(ハ)銅銭（今の世の銭）

（中国の上古には皮幣といって獣皮を銭に用いたが、中古に金銭・銅銭を用い、銀銭はそれ以後である）

(3)農人は土地から、人の飢寒・生命を守る食（五穀）と、麻や蚕から衣（布と絹）を作る。婦女は紡織をする。

適地・適作と交易

(4)農作物には適地と不適地があるので、適地・適作により、その有無を通ずる交易(交換)が必要である。

(5)孟子は、「恒産のない者には恒心がない」ということは、庶民には通用するが、「士は恒産がなくても恒心は失わぬ者だ」という。しかし、士もたいていは、恒産がなければ、恒心を失って節義を欠くことが多い。

貧の盗

世俗の諺に、「貧の盗(ひんぬすみ)」というのがあるが、本当にあることだ。

「覇者の術」は大きな間違いである

(6)国を富ますことが、治世＝政治の本である。国が富めば兵を強くすることもたやすい。とはいえ、「富国強兵」を「覇者(はしゃ)の術」というのは、大きな間違いである。

(7)聖人が天下を治める道は(尭舜から孔子にいたるまで)、次のとおりである。

①富国強兵、なかでも富国は強兵の本である。

②食貨の道は富国の本である。

(3)そのためには、士・大夫以上(為政者)は、よく民を養い、礼義廉恥を守り、国用にも軍用にも食貨が不足しないように配慮しなければならない。

春台の狭義の経済の対象は「食貨」

けっきょく春台の、いわゆる狭義の経済の論議の対象は、

(1)食、すなわち米穀（五穀）

(2)貨

①人の生涯を助ける、米穀以外すべての貨財・宝貨

②物に代わって用を足す貨幣（金銭・銀銭・銅銭）

であり、これらの「食貨」をめぐって議論が進められる。この分類は現在の常識からすると、いささか理解しにくいが、当時の封建的な「米遣い経済」体制下においては、米穀（年貢米）が幕藩の唯一最大の財政源というほど重要であり、のちに（『経済録拾遺』において）春台は、この自然経済的な、いわゆる重農主義的経済思想を乗り超えるのである。

春台の真の偉さ

そして春台が師の徂徠を超えることができたのは、前述するごとく、経学（儒学）ではなくて、彼の経済思想が、従来の重農主義的な経済思想から重商主義的な経済思想への転換の槓杆（てこ）ないしは結節点となり得たからである。春台の真の偉さは、実にその点にあるのである。

利用厚生は天地の大徳である

次に注目されるのは、上掲の「農作物の適地・適作とその有無を通ずる交易（交換）」の問題である。春台は、中国の古伝説上の故事をもち出して、「尭舜の政に、利用厚生ということがあるのは、天地の大徳のことである」としている。すなわち、「交易とは、

此と彼と物を取りかえることである。有る物と無い物を交換すれば、此方（こちら）も彼方（あちら）も、融通（ゆうずう）して用が足りる」とする。そして、「天地は万物を生ずる徳である。天地の道にさえちがわなければ、生ある物は養われないで死ぬということはない。聖人の教えは、天地の道であるのでそれに順（したが）えば、飢寒の心配もなく、一生を安穏（あんのん）に送ることができる」、これが天地の大徳であり、前述の「尭舜の政にある利用厚生だ」とするのである。

春台は中国の古伝説上の人にこだわりすぎて「こじつけ」もある

春台は、あまりにも中国の古伝説上の人にこだわりすぎており、その論議にときどき明快さを欠く「こじつけ」もあるが、その経済理論において、ときには十分現代に通ずるものがあることに驚かされる。経済思想面では、必ずしも一貫性・整合性があるとはいえぬとしても、上述の「適地・適作と交易」（「適地・適産と交易」と見て）の論議は、現在の経済学でいう、「比較生産費説」(theory of comparative costs) の理論に原理的には共通ないしは近似的のものである。

「比較生産費説」との近似性

春台の経済思想の先進性

紀元前二千年を超える中国の古伝説上の聖人の考えということは、人間の本来的な思考ともいえることであり、興味深い。春台が提示した「適地適作または適地適産と交易ないしは交換」の考えは、古代中国における国内の地域間とか、暖地と寒地とか、日本における藩間（藩と藩）交易程度のことを、治生＝世の道ともいうべき自然経済の枠内で

（物々交換程度に）考えていたとも見られるが（注、しかし、春台は後述の『経済録拾遺』において、商行為としての藩間は当然のこと、外国との貿易の有利性を説いている）、いずれにせよ、春台のこの考えの指摘は、日本の経済思想史上において特筆すべきことがらである。

春台と徂徠の経済思想の比較

土産（その土地の産物＝特産物）の貢物（みつぎもの）については徂徠も、『政談』において説いている。徂徠の考えは「適地・適産」ではあるが、これは年貢米の代りに土産（特産物）を貢物として上納するという、いわゆる「徂徠の貢献論」であり、地域間で有無を融通して用を足す「交易（交換）」という考え方ではない。徂徠が農本主義的な自然経済を中核とする御用学者であるのに対し、春台は野の学者（処士）であり、農本主義的な社会経済体制が崩壊していく現実の社会を直視して、その危機意識から、流通経済体制の萌芽とも見られる、この考え方を古聖人から見出したのである。この点は春台は師の徂徠を超えて、ずっと現在の経済学の考え方に近い。

「時・理・勢・人情」の四つの必要性

春台は、『経済録』第一巻「経済総論」において、経済を論ずる場合には、時・理・勢・人情の四つを知らねばならぬという。すなわち、

第一に時を知るとは、古今の時を知ることである。

第二に理を知るとは、理は道理の理ではなく、物理（物の理）の理である。

第三に勢を知るとは、勢は事の上にあって、常理の外なるものである。

第四に人情を知るとは、天下の人の実情を知ることである。

時勢に即した論議

けっきょく、右の意図するところは、抽象的な原理や原則よりも、時勢に即した経済や政策を論議することのほうが大事だということであろう。

春台の記述は、どの著書においてもきわめて緻密（ちみつ）で、ひとつひとつの引用例にも、中国や日本の古い事例を明確にあげ、論理的であり、学者肌の儒者といわれるが、一面では、「重箱の隅（すみ）を爪楊枝（つまようじ）でほじくるようだ」という悪評もある。一見これらは矛盾するように見えるが、上述の「時・理・勢・人情」の見解は、春台が厳しい自問自答の結果、自生内発的に悟り得た信条といえよう。

孟子や仁斎は性善説

荀子や徂徠は性悪説

春台は中庸

孟子は、人間の本性には生まれながらに仁・義が備わっているという性善説を主張する。ところが、人間の倫理観に性善説をとる孟子に対して、春台の師徂徠は、荀子（じゅんし）のごとく性悪説をとる。徂徠は『政談』において、「上も下も（士も民も）困窮して働く力もないようになれば、本性に従って行動せざるを得ない」というのである。困窮という現実のまえには民も士も、身分などとは無関係に人間の本性にもどるとする性悪説をとるのである。孔子でさえ「富んで後教うる」といっているとしている。興味深いことは、人間の倫理観（性）において、仁斎は孟子のように性善説をとり、徂徠は荀子のような性悪説をとり、春台は人の性には善と悪と中庸があるとしている点である。

「富国強兵」と「覇者の術」の区別

次に前掲の「富国強兵」と「覇者の術」について検討する。春台は、「富国強兵を覇者の術」とするのは、後世のつまらぬ儒者（腐儒）の間違った説だと、それを批判する。武力や権謀術策で天下をねらうために富国強兵が必要なのではない。孔子が生存した中国の春秋時代は諸侯が互いに覇権を競い弱肉強食の乱世であった。とりわけ斉の桓公・晋の文公・秦の穆公・宋の襄公・楚の荘王は春秋時代の五覇（五人の覇者）といわれた。富国は政治の基本であり、国が富めば兵を強くすることは容易だが、「富国強兵」と「覇者の術」とは区別しなければならない、とするのである。なぜ「富国強兵」、とりわけ「強兵」が必要なのかは、残念ながら春台は論述していない。富国の国と民とを衛る（自衛）ための「強兵」なのであろうか？

2 「食」に関する要説

春台が湯浅氏へ与えた書中にある言葉の意味（再出）

第二の一、春台の著書の『経済録』（十巻）の説明のところで掲げた、春台が備前の湯浅氏へ与えた書中で「純すでにその（『経済録』の）立論に誤りの多いことを知る。考えがまだ尽くされていない」といっていることには、きわめて重要な意味が含まれている。春台は、一方において、第一の五で述べたごとく、三十年来の蘊蓄をかたむけた、畢生の大作『経済録』（十巻）の草稿を、将軍吉宗の命によってご高覧をたまわる機会を、形式や格式にこだわり過ぎる偏屈な彼の性格のため、自らの手で摘みとっている。

春台の経済思想の迷い

『経済録』とりわけ「食貨」において、春台の矛盾した論述や、心の動揺がうかがわれる。春台は師の徂徠に、とかく鶏肋視（けいろくし）されながらも、「徂徠の禦侮（ぎょぶ）」を自認し、刻苦勉励・自問自答の末、やがては徂徠を超えるのであるが、『経済録』段階における春台の経済思想は徂徠の重農主義的経済思想を超えることはできなかった。論述中に、春台の苦悩ないしは迷いがしばしばうかがわれるが、注意すべきは、その中にあって、世界に誇るにたる勝れた経済理論の論述が少なからず展開されているということである。

まず、春台の「貴穀賤貨思想」を述べる。春台はいう。

「貨とは金・銀・銭であり、金銀は勝れたる宝と、だれでも思っているが、飢えたとき、金銀を嚙（か）んでも腹はふくれないが、一椀（わん）の粥（かゆ）をすすれば死をまぬかれる。寒いときに、金銀を山のように積んで、そのなかにいてもあたたまらないが、一つの布被（着物）を着れば病気も起こらずにすむ。金銀は人の飢寒を救う物ではない。

それなのに愚かな民は、米穀より優れた宝と思うのは、金銀があれば、米穀はもとめやすいと思うからである」

春台には、思考の混乱がある。「貴穀賤貨」は古の善政であり、先王の道であるのに、愚民は逆に、米穀より金銀を優れたものと思う。この許しがたい、先王の道に反する現実の日本の愚民どもの考えや行動に対して、春台の論理は崩れていく。春台が長年月にわたって心血を注いでようやく悟り得た彼の哲学ないしは経済思想の根幹である「先王の道」が、しかもそのもっとも大切な「食と貨」において、すでにその理論は崩れてしまうのである。

「先王の道」と現実との相違

米穀に比べて金銀は実に便利だと春台は認めながら、「世俗の愚人は、金銀に勝る宝はないと思うのである」としているが、実は金銀の重宝さ便利さを、いちばん認めているのは春台自身なのである。

春台は強気に、「乱世にあい、また治世のときでも、凶作や飢饉の年で米穀の乏しい場合、金銀で米穀をもとめがたいことがあったら、どうなるだろう」と乱世（戦乱の世）は当然のこと、治世（太平の世）でも凶作や飢饉の年を見るがいい、だから金銀の徳が米穀に及ばない道理は、はっきりしているではないかと、「貴穀賤貨」が正当だと主張す

春台の重農主義的な経済思想の動揺

るが、これでは何千年に及ぶ自然経済を一歩も出ていない。彼は前述のごとく、経済を論ずる場合には「時・理・勢・人情」の四つを知らねばならぬとし、万古不易の「先王の道」より、時勢に即した経済や政策を論議することのほうが大事だといったはずだ。

春台こそ、元禄から享保にいたる、日本の動態的な社会における経済の成熟、具体的には自然経済から貨幣ないしは商品経済への移行という現状認識に対して、激しい心の葛藤があったはずだ。当時の経済社会の実態は、すでに前期的な日本資本主義の萌芽さえ見られるのである。当然のこと、春台の農本的な重農主義的経済思想は、その心底において、激しく動揺するのである。

春台の「農本商末」思想について、経済思想の動揺

次に、春台の「農本商末思想」を述べる。春台は、「農・工・商・賈（こ）を四民とすることがある」とし、商は行って物を売り（行商）、賈は家に居て物を売る（座商）のであるが、いずれも（商も賈も）「あきんど」（商人）であるとしている。さらに「民の業に本末があり、農を本業といい、工・商・賈は末業という」とする。すなわち「農本商末」の考え方である。四民は国の宝であるが、農民が少なければ、国の衣食が乏しくなるので、先王の治（おさ）めではとくに農が重んぜられた。農民が減少すれば米穀が乏しくなる。しかし工商が多くなれば、貨物が出回り、人びとが奢侈（しゃし）になり、金銀を重宝にする習慣となり、上も

下も貧乏のはじまりとなる。これこそ国家にとって大きな害であると春台はいう。だから聖人の政治では、天下の戸籍を正し、人別を改め、農民の転業を禁じた。しかし今の日本ではこの禁がないので、工商の数が日増しに多くなり、用を足すには便利だが、人の贅沢心を刺激して、金貨も銀貨も全部賈人（商人）の蔵に納まる。なげかわしいことではないかと慨嘆するのである。

農は大切なものだが苦しい労働である。それだから督責をして精勤な者と懶惰な者との賞罰を行なうがよい。中国では「勧農」というのがあり、天子から使いを出して民に農業を勧める、孝悌力田といって精農には上から賞を出す。民が富めば国も富むという。

徂徠の徹底した「農本商末」思想、商人が潰れることは構わない、とする

ところで春台の師の徂徠は『政談』において、旅宿をやめて「人返し」を行ない、それを土着させることの重要性を繰り返し主張している。しかも「農本商末」の考えは、春台よりさらに徹底しており、徂徠は、「武家と百姓とは、田地以外の渡世はなくて、常住（土着）の者だから、ただ武士と百姓の常住に宜しいようにすることを政治の根本とすべきである。商人は不定なる渡世をする者だから商人が潰れることは決して構わない」とまでいい切っている。徂徠は、農本的な自然経済の徹底を政治の根本理念とするのである。

徂徠と春台の相違

実は、徂徠と春台のこのわずかな相違が、両人の考えを大きく分ける起点をなしているのである。いうまでもなく、春台の経済思想は徂徠から強く影響を受けている。それどころか、春台は徂徠の経学や経世学に信服して入門し、刻苦勉励ののち、徂徠学ないしは蘐園学を継承発展させた逸材である。前述するように、遺憾ながら、徂徠の公的な側面（経学＝儒学）の主担者としての春台は、経学＝儒学部門においては、徂徠学の精密化や組織化、さらにその敷衍（ふえん）には貢献したが、「蘐園学派そのものに於いても、もはや徂徠学以上の理論的発展は見られなかった」（前出、丸山真男著『日本政治思想史研究』一四二ページ）というほどに、徂徠の儒学は完成されていたと見られているのである。

徂徠の儒学は完成されていた

注目すべきは、上述のような徂徠の徹底した農本的な自然経済思想と商人排斥論である。それに対し、春台には迷いがある。自己矛盾ないしはジレンマがある。しかし、学問とは本来、自問自答、自己矛盾、ジレンマの上になりたつものである。そして学問は疑問をその出発点とする。もちろん徂徠は、不世出の大儒者であり、日本近代思想の祖とまでいわれている。徂徠は、社会組織改造論・物価調節論・貨幣論などに独創的な経済論を示すが、基本的には農本的ないしは自然経済的な重農思想を超えることはできなかった。春台の『経済録』における「食貨」には、彼の経済思想の転換を暗示（あんじ）する萌芽（ほうが）

がうかがわれる。

春台の「土地の高度利用―その無尽蔵性」論

次に、春台の「土地の高度利用――その無尽蔵性」について述べる。春台は、「天子諸侯の宝は土地である」とし、孟子の言葉に、「諸侯の宝三つ」とあるが、その第一は土地であるといい、まず土地の重要性を述べる。昔中国の魏王の臣の李悝（りかい）という者が、「地力を尽くす」（尽地力之説）という道をたて、これを魏国で行ない大いに国を富ませた。地力を尽くすとは、土から出る利を残さず取り尽くすことである。地力を尽くす道は、その効果が出るのに五年も十年もかかるので、それまでの人夫の労（労力）と、金銀の費（費用）を恐れて、よほどの智者と英雄がいなければ実行されないという。

「人夫の労」や「金銀の費」の指摘

注目すべきは、春台はここで、「人夫の労と、金銀の費」という、現在の経済学における労働（labor）とか資本（capital）というほどの精密さはないが、五年も十年もの後に効果のあらわれる事業をするためには、それなりの生産要素（factor of production, すなわち土地・資本・労働など）を必要とするという考えが彼の頭の中にあったと見られることである。当然この場合には、土地は豊富にあるので、労働と資本をとくに必要とするのである。いずれにせよ、春台の土地利用論は、きわめて注目されてよい議論である。

地の利は無尽蔵である

なお春台は、日本においても近世にては石見（いわみ）国の藩主津和野侯の大夫多湖子（たこし）が、半紙を造って国を富ましたことなどは、地力を尽くした事例であるとし、さらに徳川光圀が水戸で地力を尽くす治世をしたと述べている。米や麦などの嘉穀のできる上地でなくても、工夫次第で、嘉穀以外の食べ物（雑穀など）や種々のもの（楮で紙を作るなど）が、その国の利となるもので、地力を尽くして、地に遺利なきようにすれば、地の利は無尽蔵であるというのである。

「四つ物成」

また春台は、当代の日本の田租は十分の四（十石の内から四石を上納する、四公六民）が普通で、俗に「四つ物成」という。昔の井田の法の什一（十分の一、昔の中国の租税）と比べれば重税だが、今の世はこれで民の痛みもない。税率は低いほうが仁政だが、低すぎると怠慢となって耕作に精を出さない。高すぎると民を苦しめ、ついに国を失う。税率は中庸がよい、としている。

田租の二法、「視取り」と「定免」

当代の租（年貢）をとる方法に、「視取り」（毛見＝検見ともいう）と「定免」の二法がある。その年々の作柄によって田租を決める出来高（作柄）徴収法である検見制度（視取り）

「定免制度」支持の理由

のほうが、作柄に関係なく田租がすでに決められている定額徴収法である定免制度より、実態に即した優れた制度＝方法と思われるのであるが、春台も徂徠も、熊沢蕃山をはじめ田中丘隅や三輪執斎らも一様に、後者すなわち「定免制度」を支持しているのは、なぜであろう。次に春台の説述を示す。

検見（毛見）の弊害

「検見（視取り）制度は農民にとってははなはだ害がある。代官が検見（毛見）に行くとき、農民は数日も走りまわって、飲食の準備をする。道を掃除し、宿所をきれいに洗いきよめ、前日からいろいろの珍膳をととのえて代官達を待つのである。当日は庄屋（関西）・名主（関東）・肝煎（北陸や東北）などその村の長が、人馬乗物を引いて村境まで出迎えに行く。宿舎につけば酒食のもてなしをし、その上進物を贈り、歓楽をきわめ、手代はもちろん、従僕にまでその位（身分）に応じて金銀を贈る。これらの費用は莫大である。

もし少しでも彼らの心に満たぬことがあれば、いろいろ難題をいって農民に強請（ねだる）して苦しめ、その上、検見のさいに下熟を上熟といって免を高くする（年貢を上げる）。また逆に、もてなしがよくて、進物も多く、従者にまでも贈賄が多くて、彼らの心が満足すれば、上熟を下熟といって免を軽くする（年貢を下げる）。

代官は検見に行けばその利益は莫大だ。従者まで多くの金銀をとる。これはみんなお上の物を盗むのである。検見のときだけではない。平日も農民のところから、代官や手代らに賄賂を運ぶことは限りがない。だから代官達はもとは小禄だが、その富(とみ)は諸侯にひとしく、手代らにいたるまで、わずか二、三人分の扶持米(ふちまい)で十余人はおろか、ときには巨万の金をたくわえて、なかには与力または旗本衆の家を買いとって、栄華をきわめている者もいる」

賄賂や汚職の原型

なお春台は、右の記述について、「民が代官に賄賂を運ぶ有様は、純(春台の名)が昔久しく田舎に住んで、直接に見聞したことである」といっている。まさに、現代の賄賂や汚職(おしょく)の原型(das Urbild)を見る思いがする。

春台の「米価論」

次に、春台の「米価論」について述べる。春台はいう。

春台は、時代の趨勢を知らなければ政治はできない、という

「農家も士人(武士)と同じで、豊年にあって穀物が多くとれても、これを売る場合に輸送のために必要な人や馬の労費さえつぐなえぬほどであるから、わずかに家人の口に食うばかりで、利潤は得られない。士人が貧しければ、世に金銀が乏しいので、工と商の人達にも利益は少ない。だから今、土のように安い米を小民は食べることができずに、飢餓する者がかえって多い。この現象は普通の理屈では説明することはむずかしい。だから、米価の低いのを太平の象徴とするのは昔のことで、今の世は米価が余り低ければ四民がみんな困窮するのは、制度が同じでないからである。昔は米穀を貴び、今は貨幣を貴ぶからである。このようなたぐいを事勢(時

代の趨勢）という。これを知らずしては政治はできない」

けっきょく春台は、米価は低すぎるより、むしろ高いほうがよい、とするのである。春台は激動する実社会を凝視する。享保期に入っても依然として米価は高く、同七年夏には、元禄以来最高の米価となる。しかし、このときに都下に飢餓の者がなかったのは、どうしてであろうか。春台の自問自答である。それは元禄十二年以来、二十余年のあいだ、米価の高いのになれて、庶民は治生の道に敏く、かつ武士の手から金銀を出すことが多いためである。武士は利にうとく、高米価で得た金銀を貯えることもなく、多くは贅沢をしたり、一時の歓楽栄耀に使ってしまう。大凶作が何年もつづけば、米価は高くなり、禄米を売っては生計をたてる士人は減免をしても何とか年貢が入るので、生活には困らないが、工商小民は二粥をすする（一日に粥を二度すする）生活となり、都下には餓死者が続出した。

「米価論」はつづく

ところが、作柄に関係なく米価が大いに下落（暴落）すれば、禄米を売って生活する士人や大夫の困窮は甚だしかった。春台の「高米価政策」は、当時の社会経済活性化方策として提唱するものであり、きわめて注目すべき論議である。これは一種の「インフレ政策」であり、その起点を、士人の禄米の換金化による波及効果として、社会全体を

一種の「インフレ政策」

賑わす消費市場の活性化にもとめているのである。米が当時の貨幣経済ないしは商品経済の雄であったことから見て、この考えは単に武士本位の立場からというよりも、米中心の立場と見るのが適当であり、春台はその心底において、初期的・前期的な重商主義的な社会経済体制への移行を感知・容認しているのである。

常平倉の効果

なお春台は、常平倉の効果をあげている。要約すれば次のようになる。

①高米価による社会経済の活性化
②高米価策と備蓄策
③米価の調節
④費用の節約

「米俸の定額制」と「米基準会計」

次に、春台の「諸藩困窮救済の諸策」を述べる。

まず「米俸の定額制」と「米基準会計」の提唱について、以下順を追って春台の論議を要説する。

士以上は田禄のある者である。田禄とは君主から田畑を貰うことで、当世の知行(地方=土地)である。ただし小禄のものは扶持米を貰い、地方のないものもある。田禄があって、それを支配する者を給人という。給人の下にあって田禄のない扶持米(切米)、ま

米俸について

たは金銀銭を貰うのを俸（給分）という。俸には歳俸と月俸があり、米を貰うのを米俸といい、金を貰うのを金俸という。田禄がなくて米俸や金俸を貰うのを無足人（むそくにん）という。

国（藩）に仕官する者はみんな米俸を給わるべきである。卒（足軽）も徒（中間小人）も同じである。しかし現実には古い諸侯の国（藩）では米俸が多いが、新国（藩）では逆に金俸が多い。諸侯は年貢として米を収納するので、金俸とするのは甚だ不便である。米価が高ければ金銀も多いが、安ければ逆となる。諸侯の下には給人は少なく、無足人が多い。金俸であれば米価の高低で米の出る量に増減がある。米価の高いときには金俸のほうが米を出すことが少なくて済むので諸侯は有利だが、逆に米価が安いときは諸侯はみんな貧窮する。やむなく給人の禄を減らしたり、罪もないのに永い暇を出す例もすこぶる多い。諸侯は給人以上の人減らしで米の出る量を三分の一も減らしている。古い大国の諸侯はまだしも、新国の小諸侯はみんな同じ状態だ。人を減らせば藩の財政状態もよくなりそうなものだが、それどころか年々困窮するばかりだ。

小諸侯の困窮の原因について

春台は自問に対する自答として、新国（藩）の小諸侯の困窮の原因は、無足人に給する金俸のためだと断定するのである。そして、士人（武士）には米俸を給するのが当然だ。工商達は禄がないので奴婢（ぬひ）（下男・下女）を養うために金銀を給するのが当然だが、諸侯卿大夫は金俸で人を養ってはならないとする。

春台は自問に対して、次のような妙案を提唱する。すなわち、金俸を米俸にしようとするならば、近年の米価の最高と最低とを考え、二十年ほどの平均価格をとって、「米俸の定額制」とするがよい。無足人の金俸をやめ全部米俸にすれば、凶作減免のときに米俸が減っても、誰も怨む理由もなく、藩の財政にも役立つというのである。

また春台はいう。会計は勘定である。米価に変動があるので会計がうまくいかず、国家に甚だ不便で、米価が大そう低いときには、金銀は定数なので、米の出量が以前の二倍にもなり、諸侯が貧窮するのは当然である。春台はこの自問に対して、ふたたび次のような妙案を提唱する。この種の費用をすべて米を基準とすること、すなわち現在の金銀貨幣中心の会計をやめて、以前のように米中心の、すなわち「米基準会計」とする。何々のために米若干石、何々に米若干苞と定めておけば、米価の高低に関係なく、毎年の費用は一定して会計もうまくいくというのである。

諸藩の困窮の真因

この項での春台の提唱は、彼の仮説（hypothesis）の上に展開されているが、この仮説に問題がある。当時の諸藩の困窮の真因は、けっきょく、時代の大きな流れ、すなわち自然的な生産経済（農本主義的経済）から貨幣ないしは交換あるいは商品経済（重商主義的経

武士団という、不生産・消費階層

済）へ移行する転換期に必然的に起こる混乱に適応できなかった点にある。とりわけ生産力において、さらに経済行動においてマイナスの力しかもっていない膨大な数にのぼる不生産・消費階層である武士団の存在自体が、経済の歴史的発展（社会経済の成熟）に逆行し、当時の多くの諸藩が貧窮するのはむしろ当然であり、春台の前掲の提唱は、やはり「群盲象を評す」のドグマにならざるを得なかったのである。

とはいうものの、この激動する経済社会の転換期（むしろ混乱期）において、現実の社会の混迷と貧窮、とりわけ幕藩体制の財政危機を救おうとする春台の気魄は凄絶である。

「諸侯の生計対策」と「四分の一貯蓄法」

金貸が倉を封じる

次に、春台の「諸侯の生計対策」と「四分の一貯蓄法」を述べる。春台はいう。今の世の諸侯は、大も小もみんな首をたれて町人に無心をいい、江戸・京都・大坂その他処々の富商をたのんで、その助けにより世を渡るのである。そして知行の収納（年貢）をすべてそれに振り向けておき、収納の時期には金貸（子銭家）によって倉が封じられる有様である。それでも足りず、いつも借金を催促され、金貸を見れば鬼神を恐れるごとくで、士を忘れて町人に俯伏し、先祖伝来の宝器を担保にして、その場を免れ、家人は飢えさせても金貸を珍膳でもてなし、または金貸というだけでただの商賈の輩に禄俸を与えて家臣の列に入れ、買った物の金も工人や役夫たちの賃銭も払わずに人を困窮させるなど、廉恥（はじ）を忘れて不仁・不義を行なう人はみんな同じ有様である。諸侯でさえこのような状態なので、まして薄禄の士大夫はなおさらである。

風俗の敗れ、末世的な社会の腐敗に長嘆する

風俗の敗れは悲しむに余りがある、と先王の道（孔子の道）を唱えつづけてきた春台は、この末世的な現実社会の腐敗ぶりを見て長嘆する。これは元禄以来の奢靡（ぜいたく）の風習のためでもあるが、本当のところは士大夫以上（為政者階級）が生産の道に暗いからである。天子から以下士および庶民にいたるまで（国民全体が）、生産の道を知らねばならないと春台は説く。

春台の生計対策、「入るを量って、出と為す」が生計の要文である

次に、とりわけ諸侯に対する春台の生計対策の論議の要点を整理して述べる。

①礼記の王制に、「量レ入以為レ出」という一句があるが、これこそ生計の要文である。

②諸侯はまず一年間の米穀以下山海の諸運上まで全部の収入を総勘定する。そして毎年決まって出す米穀・金銀の数量を勘定し、収入と支出を比較計算する。支出が多い場合は省けるものは省いて用を節す。

③毎年公私のことに出る米穀や金銀などの決まった入目を経費という。経費は翌年のことを今年から見積って用意をしておかねばならない。

④天災や穀物の凶作も考えておかねばならない。さらに軍備も常に心がけねばならぬ。

不慮は米穀や貨財を費やすから不慮の備えも必要である。

⑤また吉事や嘉事の祭祀、すなわち神祭りや年忌仏事から誕生・元服・婚嫁などは経費ではないが、米穀や金銀が必要だから、この備えもしておかねばならない。

借金銀は鼠算式にふえる

米穀や金銀を他人から借りれば、鼠の子を生むよう（鼠算式）に借金銀がふえて、もとにもどることはできないものだ、と春台は説く。

「四分の一貯蓄法」の具体的事例

「三年耕せば、必ず一年の食がある」というのは聖人の法である、と春台はいう。この法は、一年の収納を四つに分けて、三分でもってその一年を養い、一分を余して蓄えることである。たとえば当代の諸侯が一万石の禄ならば、七千五百石で一年を養い、公私の費用をまかない、二千五百石を余して蓄えとする。三年たてば、この余分が積って七千五百石となる。これがすなわち一年分の食である。九年無事であれば、三年を養うほどの蓄えとなり、三十年無事であれば、十年の蓄えとなるとする。そして春台は、こうなれば、どんな凶年や飢饉、または不慮の災患があっても国用に不足することはないという。これが春台の提唱する「四分の一貯蓄法」である。

春台は処士（浪人）の身でありながら、師の幕府の御用学者徂徠と同じように、幕藩の困窮の救済と、さらに進んでその発展策につとめるのであるが、ここで留意すべきは、徂徠は極端な「農民転業抑止論」や「商人排斥論」を唱え、繰り返して述べているように、経済社会の激動を阻止しようとしていた点に、徂徠の経済思想の停滞があるのである。なお春台は「義倉の重要性」について論述しているが説明は省く。

3 「貨」に関する要説

中国古銭と日本の寛永通宝

まず「中国古銭と日本の寛永通宝」について述べる。春台はいう。中古から中国の唐の開元銭が多く日本に渡り、その後宋の銭が非常に多く渡ってきたので、日本で銭を鋳造しなくても不足することはなかった。元の銭も多く渡り、明の洪武の永楽の銭は近代ではとくに多く渡ってきたので、日本では関東の田地を永楽銭でその値段を決め、また俸禄も銭の数で何百貫とか何十貫と決めたとしている。十五世紀の当初から、中期以後の日明ないしは勘合貿易において、日本の輸出品の見返りは、まず明銭が主で、以後その他の物に移るとしても、当時の永楽銭（明銭）が日本の主要（中枢的）な通貨であったことは、日本の後進性を示すものとして注目される。

寛永通宝

春台は、寛永年中に日本で初めて新銭を鋳造したのは「寛永通宝」であるといい、そしてこれを昔からの中国の銭（古銭）と混用したという。永楽銭（明銭）は一貫が黄金一

両に相当し、寛永銭は四貫で永楽銭の一貫に相当する。したがって、この段階では、

当時の交換比率

黄金一両＝永楽銭（明銭）一貫文＝寛永銭（日本銭）四貫文

の交換比率となっていた。しかし、その後永楽銭が多く出回ったので、価格も下落して、寛永銭と同じ値段（交換比率が同じ）となる。寛永年中にまた新銭を鋳造し、これを文銭（もんせん）といい、寛永通宝一枚を一文とした。

宝永年間にまた新銭を鋳造し、寛永通宝の文を用いて、裏側に文字がない。正徳年間にまた鋳造、さらに享保年間にまた鋳造、いずれも宝永の鋳造と同じように、表は寛永通宝の文で裏には文字がない。数度も鋳造した新銭が世に出て流通したので、近年は中国の古銭はしだいに少なくなったとしている。

金貨幣制度の変遷

次に、「金貨幣制度の変遷」を述べる。春台はいう。金は重さ四匁八分を一両とし、一匁二分を一歩とする。大板金（大判）は三十六匁で七両二歩（七両五歩か）に当る。小板金（小判）は四匁八分あり、すなわち一両である。板金（大・小判）は楕円形で、歩金は長方形である。したがって金貨幣には、歩金（分金とも書く）＝一・二匁（四分の一両）、小板金（小判）＝四・八匁（一両）、大板金（大判）＝三十六匁（七両五分）の三種がある。また金一両（小判）＝銀六十匁＝銅銭四貫八百匁が普通であるが、時に従い価格に高低がある

としている。

両替店と両替賃

大判を小判に換え、小判を歩金に換えるには、品質はみんな同じだが、いずれも両替賃（兌銭）を出す。俗にこれを切賃といい、両替店（兌舗）はこれでその利とする。大判や小判は使いにくいので、士人らは両替賃を出して歩金に換える。これは両替店の利益で士や大夫らの損となる。両替賃は三十年前は金一両で八～十二匁であったが、この頃では三十～四十文が普通で、多いときは百文にもなって士民の損失は甚だしい。

元禄新金

元禄期に国用が乏しいので、銀・銅・鉛・錫を混ぜて新金貨を造った。印文に元の字があり、大板金（大判）・小板金（小判）・歩金のほかに、新しく二銖金を造り、四種の金貨となった。これを元禄新金といって国内に使わせ、慶長の故金を止めた。この元禄新金はみんな黄金の本当の色を失って鍮石のようだ。この新金は純金でないのでだましやすく、偽造の罪人が多く出て磔刑（はりつけ）にされた。民間でもこれを卑しんで、しだいにすべての貨物の価格が上昇した。その上、偽造金貨が多く民間に流用して、知らない者はみんなだまされたとしている。

悪質な元禄新金が物価の高騰と経済の混乱をまねく

春台はいう。幕府財政の困窮を救うために出された悪質な元禄新金が、かえって物価の高騰と経済の混乱をまねいたので、六代将軍家宣は、このことを深く憂えて、金貨幣を良質の昔に復元しようと思った。しかし現実問題として、新金を慶長の故金のような純金にするには、天下の金貨幣の数が半減して金融がつまることを考え、その中間手段として小金幣を造らせた。すなわち元禄悪金の小板金（小判）と一歩金を鎔（とか）して、純金として新貨幣を鋳造した。けっきょく、小板金は重さ二匁四分、一歩金は重さ六分となった。ただし大板金（大判）はまだ改めず、二銖金はいずれ止めることとし、宝永の末からこの新貨幣を元禄金と併用させた。小板金（小判）の印文に乾の字があるので、これを「乾金（けんきん）」（乾字金）といった。

乾金

享保のはじめに乾金を止め、元禄の二銖金を廃止して、もっぱら新金を使わせた。元禄中に新貨幣（悪貨）を造ってから慶長の故幣（良貨）を止められたので、世間に慶長金は絶えて見えなかったのに、正徳の末に新貨幣を造り、慶長の故幣に復し、新故を併用させるようになったら、慶長金が多く世間に出てきて、ほとんど新金と半々になった。

グレシャムの法則との関連性

元禄以来二十余年のあいだ、慶長金（良貨）は、いったいどこに隠れていたのであろう。怪しいことである。また享保の新令で、乾金を全部今の新貨幣にかえさせたが、乾金は精金であることを、民間では知っているので、乾金もまた多く隠れたのであろう、と春台はいう（注、グレシャムの法則に関連がある。詳しくは後述する）。

金や銀は天下に通用する貨幣だから、蓄蔵して隠しておいてはならぬ物だが、元禄の悪金などは、かたく禁止して世間で使わせてはならぬものだ。しかし乾金は薄くて小さいが好金（良貨）だから、願わくば乾金を今の新幣の半値で使って、新故を併用させれば、隠れたる乾金が出てきて、貨幣が世間に豊かとなり、国家にも民にも利益となる（注、前と同じ）。

享保十二年（一七二七）から新貨幣の大板金（大判）を用い、元禄の大板金を止めた。すなわち元禄以来の改造の金貨幣（悪貨）を止めて、全部慶長の故幣（良貨）に復したのであり、誠にめでたい善政であると、春台は金貨幣政策面を通じての享保の改革を評価している。

銀貨幣の改鋳

次に、「銀貨幣改鋳」を略述する。春台はいう。当代の銀貨幣は昔からの銀錠（ぎんじょう）（丁銀）と砕銀（さいぎん）（豆板銀）の二種類がある。砕銀（豆板銀）は大小が不同で、重さは二〜三分から四〜五匁までで、その形が豆のようだから俗に豆板という。銀錠は重さが四十三匁で、俗に梃銀（ちょうぎん）（丁銀）という。両銀幣とも品質は同じであるが、梃銀を砕銀に換えるには必ず梃銀のほうから両替賃（兌銭（だせん））を出す。昔の銀貨幣は純物であったが、元禄改鋳のとき

元禄新銀

銅・鉛・錫を混ぜて、その数を多くした。印文に元の字を印（しる）して、これを元禄新銀と呼

宝永の悪鋳

宝永四宝豆板銀

宝永四宝丁銀

宝永四宝銀（悪銀貨幣）（日本銀行貨幣博物館提供）

んだ。慶長の故銀に比べて色がややうすい。この貨幣が国内に使われてから故銀は止めた。これは純銀でないので、前述の元禄新金の場合と同じように、偽造をする者が起こり、士民はだまされることが多かった。それなのに幕府の財政困窮のため、また宝永年中に貨幣の数を多くしようとして、銅・鉛・錫を増加して印文に宝の字を印した宝永新銀を造り、元禄の銀を止めて、この新銀を使わせた。その色は黒っぽく、元禄に比べれば鉛のようで、民はこれを卑しめ

宝永の悪銀貨幣、一、二、三、四宝銀

た。なおこれでも止まず、その後また雑物を増加して、印文に二つの宝の字を印(しる)した。これは色はますます黒い悪貨幣で、民はますます卑しめた。これでもまだ止まず、その後また雑物を増加して、印文の宝の字を三つ印した。さらに雑物を増加して印文に宝の字を四つ印した。宝永年中に四度悪改鋳を重ねた銀貨幣を民間では、一(ひとつ)宝・二(ふたつ)宝・三(みっつ)宝・四(よっつ)宝と分けた。四宝などは色は黒くて錆(さび)が出て銀の本色はなくなり、鉛や錫と同じようになり、民はこれを土石のように卑しめた。

悪銀の交換比率

国初以来の故銀は、銀六十匁＝金一両、銀一匁＝銅銭七〜八十文の換算が普通であったが、三宝や四宝の悪銀となってからは、三・四宝銀八十余匁＝金一両、三・四宝銀一匁＝銅銭四十文ほどの換算となった。そのため士民の憂いが甚だしく、東国は金と銭を使い、銀はほとんど使わぬからまだましだが、京都から西は銀を専用するので悪銭の害を受けることが甚だしく、偽造もますます多く、とりわけ関西の士民の憂いは甚大であった。六代将軍家宣は大いに心配して、元禄以来の五等の悪銀（元禄新銀と、宝永新銀の一・二・三・四宝の五種）を止めて、国初以来の故銀幣に復(かえ)そうと思い、純銀で故銀幣のような新銀幣を造らせた。

家宣良貨の新銀幣を造らせる

正徳二年（一七一二）から新銀貨幣がしだいに世間で使われ、その値は故幣のように、新銀貨幣一匁＝四宝の四匁とし、三宝・二宝・一宝と元禄銀は、それぞれ少しずつ増加して、改造新銀と交換し、当分は五等の悪銀と併用した。

享保年間の初めに新令が下布され、元禄以来の悪銀を全廃して、全部新幣を使わせた。そのため国内の銀貨幣は四分の一に減少し、士民は大いに苦しんだ。しかし数年たって新銀貨幣が国内にいきわたり、しだいにその痛みも去って、いつとはなしに国初以来の故銀貨幣となった。これまためでたい善政であると春台はいっている。

良銭増鋳の必要性

次に、春台の「貨幣論」のうち、「良銭増鋳の必要性」について述べる。春台はいう。元禄ころから幕府の財政が苦しいので、江戸にて新銭の鋳造が行われた。そのときの役人萩原直秀（注、ときの勘定奉行の萩原重秀か）は、銅を多く使うのをきらって鉛や錫を混ぜ、銭の形を薄く小さくした。寛永・寛文の銭は上等の銅だが、元禄・宝永は悪銭で、前者は黄白色に光っていたが、後者は赤黒くて粗悪なことは前者の比較にならなかった。役人の気持では、「銭は好くても悪くても一文はいつも一文だから、多くの銅や労力を費やす必要はないとするが、これは無学で古を知らぬからだ」と春台はいう。古物の世に伝わるもので銭ほど久しく残るものはない。だから中国では銭の鋳造を重んじて、銅も上等なものを選び、銭文をその世の達筆者に書かせる。唐の太宗のときの開通元宝や宋

春台悪貨を批判する

中国の古銭には、一種の観がある、と春台はいう

の代の大観通宝その他の銭も全部その時代の達筆者の筆跡である。その美しいことは、いずれも一種の観（美術品）である。

家宣（六代将軍）のとき悪評の高い大銭を止め、民は大いに喜んだ。その後家継（七代）のときにまた新銭が鋳造された。しかし民間に銭がまた少なくなって、享保中にまた新銭を鋳造した。これは正徳中の銭と同質である。このため民間に銭が多くなった。「銭が少なくなれば価は高くなり、多ければ低くなる。他の貨物と同じである」と春台はいう。寛永の銭より、金一両＝銭四貫文に決められていたが、民間では、金一両＝銭四貫八百文以上である。しかし四貫以下のときも五貫のときもある。士人は銭が低いほうが有利で、民は銭の高いほうが有利だ。銭の高いのは金の低いことで、銭の低いのは金の高いことである。

商人は銭の高い（少ない）のを利とするが、銭が低い（多い）ときでも、取るべき利はとるので利は失わないが、士人は米を売って金を取り、その金で銭を買って、その銭で生活するので、金が低くて銭が高ければ用に不足して生活に困まる。その点は商人が銭が低くても利を失わないのと同じではない。だから今の政治は、「銭を豊かにして、銭の値段を低くするのがいちばんよい方策」だとするのである。しかも「良質銅銭の増鋳が必要」だと強調する。

銭の消失理由と銅の増加法

次に、春台の「銭の消失理由と銅の増加法」について述べる。

寛永以来、銭の鋳造が数回あったが、国内の銭は多くもならず、新銭鋳造以後の五〜七年は豊かだが、二十年以上もたてば、銭がまた乏しくなって、銭の値段が高くなる。

銭の消失理由

春台は銭が消失する理由を次のごとく指摘する。

①火災のときに銭が焼失する。

②民間で葬式のとき六道銭といって銭六文を棺の中に入れる。

③愚民が富士・浅間・湯殿などの火山の火口へ銭を投入する。

④寺院で仏像や大鐘を鋳造するとき、愚俗の男女が銭を炉中へ投下する。

グレシャムの法則との符合性

近年来銅の値段が高くて、世間によい銅が乏しいので、寛永・寛文の故銭（良貨）を集めて仏像や茶具や諸器物を鋳造する者がある。当今では百文の銭のなかで、元禄以来の悪銭ばかり多く、寛永・寛文の故銭（良貨）は十分の一〜二にすぎない。まして永楽以上の古銭はさらに少ない。これは良銭が消失する証（あかし）である。幕府は制禁を立てて銭の消失を防ぐべきであると強調している。

「国を食う虫」

春台はまたいう。昔河越侯信綱が執政のときに、京都の大仏の銅像をこわして寛文の銭を鋳造したのは、本当の英雄である。奈良の大仏像、鎌倉の大仏像、その他の国内の銅像、さらに近年江戸で鋳造した一丈六尺という六地蔵の像など、昔からある像さえ無用の物なのに、今また新たに大像を鋳て銅を費やすことは国家に不利である。このようなことをする者を「国を食う虫」という。ただし、このような春台の論議に対して反対意見もある。その一例を示してみよう。「大日本思想全集月報・第十一号」（昭和八年）中に次の一文がある。

仏教・神道の非難（前出）

……春台の言うところは、一方に偏して余りに儒教を尊敬するために、仏教および神道をことごとく非難し、「仏教は非国家的である」とまでののしったが、それには日蓮上人のごとき国家的宗教を唱えたものがあるということを全く無視している。また神道は儒教よりもはるかに劣等なもので、その組織は仏教を真似て、しかも仏教に及ばないというような、独断的なことを述べている（前出）。

ところが、春台は仏葬（前出）

ところが、仏教をののしった春台も、既述するように、「生前の春台の希望により……葬列に鎗をもたせ……」門人達によって、春台は谷中の天眼寺の墓地に葬られている。

さらに春台はいう。仏法の意は、必ず銅で仏像を鋳てその功徳が勝るわけでもない。

春台は銅の産出について役人を責める

木像や土像も功徳は同じである。それなのに国用・軍用・民用に必要な銅を仏像に棄てることは、まことに知恵のないことである。今からでもこれらの禁令を出せば、銅は国内に豊かになる、というのである。

また所々の山から銅を出すことも、役人達が労働・金銭・米穀などの諸費用を試算してみて、銅の産出が諸費用（経費）を償わねば止めにして、それ以上深く掘らせないのも知恵のないことだ。官家（かんけ）（幕藩など）から出る金銭や米穀は民に下れば、無駄に使うのではなく、銅や鉄など少しでも出れば、国の用となる。その上細民が雇用されれば、その間食物を得られ困窮をまぬかれ、これまた民の利益である。それゆえ上（幕藩）は、費用を惜しまずに鉱山を深く掘り下げて「地力を尽くす術」（前出）を行うべきである、とするのである。

春台の思考には硬直的で独断的なところがあると批判される

確かに春台が指摘するように、「昔からある像さえ無用の物なのに、今また新たに大像を鋳て銅を費やすことは国家の不利で……このようなことをする者を『国を食う虫』などという表現は、仏教信者から見れば許し難い暴言であろう。春台の思考が、とかく硬直的で独断的であると批判される所以（ゆえん）である。しかし、春台が当時の「銅の増加法」をはかる手段として、上述のようなことを提唱することの論理そのものには狂いはない。

現在の経済学に通じる春台の諸説

注目すべきは、上述の各所において、現在の経済学に通じる経済諸説、例えば、生産要素の指摘、需要・供給の法則、雇用問題、資源の高度利用など、従来の日本の儒者には見られなかった、春台の驚くべき洞察力である。それらの詳細については、のちにまとめて述べる。

春台の金山開発論

なお春台には、「金山の開発論と藩紙幣発行反対論」がある。次にそれらの概要を述べる。春台はいう。陰陽消長の理が自然の道理だから、さがせば金銀などどこかの山から出るはずだ。労費を惜しまず掘り出せば、元禄・宝永のような悪貨幣を造らなくても済む。それには術がある。その一例として春台は和州金峰山について、金の開発論をながながと説明しているが省略する。

中国の宝鈔

中国では天下に銅が少ないので、紙札を銭の代わりに使うことが多く、これを宝鈔という。日本では昔からなかったが、元禄中から諸藩では用度が乏しいので宝鈔を造って、その藩内だけで使うことがあり、俗に銀札といい、これを札遣いという。

日本の銀札

銀札は幅二〜三寸、長さ一尺ほどで、懐中に入れるには板ではさむので、小判などを持つよりやっかいだ。火に焦げ、水に濡れ、鼠にかまれ、汚れ、皺ができ、摺れ、少しでも損敗すれば値が減り、または棄てる。それゆえ民の被害に限りがない。

紙札を禁止するが、なお禁制を侵して発行

中国でも鈔（紙札）を使うのを昔から善政といわない。上がその利を占めて、下には大きな害があるからである。六代将軍家宣のとき、厳令を下布して諸国（藩）の紙札（銀札）を禁止した。これは善政であると春台はいう。とかく国家に用度が乏しくなると、興利の臣がいろいろの悪説を言上するのである。

春台の主張に反して諸藩は、財政の困窮のまえには「背に腹はかえられず」、甚だしい悪政である銀札をふくむ藩札の禁令を侵してまでも発行し、とりわけ幕末期にはその乱発のため経済の混乱が生じた。おそらく春台は、諸藩・旗本体制の財政的崩壊を予知していたのであろう。

春台の物価調節策

次に、春台の「物価調節策としての平準法論」を述べる。春台はいう。漢の時代の政治に平準（へいじゅん）ということがある。平準とは、いろいろの貨物の価格を高くも低くもなく平均にすることをいう（物価安定のための調節策のこと）。太史公の史記に平準書とあるのはこのことを書いた本である。諸貨物は民から出るものであり、それが高価であれば民には有利だが、士人（武士）には不利だ。諸貨物は民から出て、士や大夫はそれを買って生活するので、価格が高くても、衣服や飲食類その他生活に必要なものは買わねばならぬ。

工人や商人は常に価格を高くする

工人や商人はこれを知っているので、常に価格を高くする。上（幕府）よりときどき下令して、物価を上げることを禁ずるのであるが、安くは売らない（注、たとえば元禄十六年の諸色高値禁止令、享保八年の下値売出勧奨、同十一年の諸物価低減令など）。

一度上げた価格は下げない

商人が利益をむさぼる例をあげると、たとえば酒は米と水で造るが、米価の高いときは酒も高く、米価が安いときでも酒の価格を下げない。米価が高くなれば急に酒の値を上げ、米価が安くなれば米価の高いときに造った酒だといって急には価格を下げない。何でもこの調子で、折りにふれて価格を上げ、一度上げた価格はなかなか下げない。

貨物にはおのおの問屋があり、問屋には必ず仲間があり、江戸・京都・大坂をはじめとして、その他処々の問屋らが、仲間を結んで同盟となっている。何事によらず国家に変があって物価を上げねばならぬときなど、早馬（はやうま）を走らせてその仲間に知らせるので、国の急に便乗してすぐにその価格を高くする。また物の乏しいことを見通して有力な問屋は、その物を占（し）めるので、すぐに物価は暴騰する。こうまでなっては、幕府がいくら厳令を出して刑罰を立てて威（おど）してもどうしようもない。

春台は商人階層の台頭など、世相の激しい転換を感知する

春台は、商人階層の台頭、さらに想像を超えてむさぼるばかりに利益を追求する新しい問屋仲間集団の圧力による、世相の激しい転換を感知するのである。彼の慨嘆の陰に、不生産的な時代逆行の消費大集団である封建的幕藩体制が、その財政逼迫を引き金（契

機）として崩壊していくのである。春台はいう。貨物の出る本（元）の処々に幕府から役人をおき、物の多い少ないと、価格の高い低いとを見計らって都下に送り、安いときは買い取り、高いときは幕府から貨物を出して売る。こうすれば富商や大商人がほしいままに大利を取ることはできない。これを平準という。この項にも、現代の経済学の価格理論に通ずるいくつかの問題点が見られるが、それらは一括してのちに説明する。

春台の「銀本位制優位論」

次に、春台の「銀本位制優位論」について述べる。春台はいう。日本の当今の貨幣は、金と銀と銅銭の三種である。京都から西は銀を貴び、東国は金を貴ぶ。銅銭は東西共通である。

日本の西国は銀本位制

西国は銀が中心貨幣で金と銭との値段を高下にする。すなわち金一両を銀いくらで、銭一貫を銀いくらで売り買うという。だからすべての貨物を売買するのに、みんな銀でその価格を定める（西国は銀本位制）。たとえば米一石は銀いくら、絹一匹（二反）は銀いくらに値するという。金もしくは銭で物を買う場合でも、まず銀にてその価格を議定（評議して決める）して、その銀に相当するほどの金もしくは銭を出すのである。およそ西国の人は銀を好んで、金を好まない。

日本の東国は金本位制

東国は三貨幣の中で金を中心として、銀と銭との値段を高下にする。金一両で銀いくらを売り買うという。だからすべての貨物を売買するのに、みんな金でその価格を定める（東国は金本位制）。たとえば金一両で米何石とか、綿布何匹といい、または金一歩とか銭百文で貨物をいくら売るという具合である。

東国では、金一歩以内で物を買うときには銭でもって値とするので、何百文・何十文といってその価格を評議する。貧乏な士人は金で物を買うことは滅多にない。銭が高ければ士人は甚だ不利である。だから東国では商賈達は銭の高いのが有利である。これは金本位制の弊害であるとする。

銀本位制が優る具体的事例

春台は銀本位制の優位についていう。西国にては百貨を売買するのにみんな銀を使うので、五厘以上は必ず銀で価格を評定する。その換算には金でも銭でも任意だが、金一両・金一歩は銀いくらに相当するということを計って、金の価格が安いときは一両を銀五十匁とし、高いときは一両を銀六十余匁というように換算する。銭であれば銀一匁に銭四十文ほどから八十文ほどの時価の高低に従って銀に換算して使う。銀が五厘以下の物を銭一文から三〜四文までに売買するときは、銭の高低によって利害はあるが、わずかのことである。五厘一分以上は銀で価格を決めて、銭で銀に相当するほど出すので、銭が安ければ銀一匁に銭八十文を出し、銭が高ければ銀一匁に銭四十文を出す。以上のようだから、銭の価格が高くても低（安）くても士民に大きな損益はない。これは銀本位制の利点であると春台はいう。

春台の「銀本位制優位論」は中国にも日本にもない彼の独創的なもの

銀の数量が東西に流通するほどないだろうから、今すぐは変えられぬとしても、さしあたって諸物の価格を全部銀で決めて、何匁何分というように売買して、銭を銀に換算して使えば、西国の人の銭を使うのと同じになる。これは幕府が号令を出せば、半年か一年以内で改められると春台はいう。春台のこの「銀本位制優位論」は、中国にも日本にも従来からないもので、彼の独創的なものである。

春台の倹約論

次に、春台の「倹約論および行政改革論」を述べる。春台はいう。倹約は聖人の道である。倹約とは俗に「つましくする」ということである。倹約の道は節用することで、その本は省事すなわち省く(はぶ)こと、つまり少なくすることである。今の世で諸侯大夫が年々貧困になるのは多事のためである。治世では人々が閑暇となるので何事にも念を入れ、細かな礼節に気をつける。治世が久しいほどつまらぬことが多くなり、必要と関係なく役人も多くなる。役人が多くなれば一人で済むことを何人もでやるので、能率もあがらず、かえって不要なことも多くなり、ますます役人も経費も多くなる。だから事を省くには果敢決断の心をもってやるべきだ。これは英雄豪傑でなければできないと春台

春台の行政改革論

はいっている。まさしく現代に通ずる行政改革論である。

春台のこれらの論議には一見して矛盾するように思える点もあるが、熟読してみるといずれも当時の日本の現実社会と孔子の道との両方に立脚しているので、多少のこじつけはあるとしても、別々の仮説ないしは前提に立っての論議のため、それぞれの進め方には間違いはない。

「パーキンソンの法則」との近似性

ともあれ、春台の論議のなかに現在に通ずる問題が少なくないのに驚かされる。本項にも、イギリスの社会学者パーキンソン (C. N. Parkinson) によって提唱された、いわゆる「パーキンソンの法則」、すなわち「現代社会における官僚機構は、必要性の有無に関係なく、その規模を拡大させていくという法則」との近似性が見られ、さらに原理的には「役人の数および財政規模に関するパ氏の第一および第二法則」に似ている。

富者に物を贈り、貧者を救わない、痛烈な批判

次に、春台の「長者の脛(すね)に味噌を塗るな―貧者を救え」の論議を略述する。春台はいう。君子は貧窮な者を豊かにするため (貧者救済) の財は惜しまぬが、富者にはその富を継ぎ足すことはしない。「富めるに継ぐ」ということは俗にいう「長者の脛に味噌を塗る」という意味である。今の富貴なる人を見ると、下の貧窮者を豊かにさせず、かえってこれを遠ざけて、富有で何事にも不足のない者には節度を超えて多くの物を贈り与えることがある。これは現代にも通ずる痛烈な批判である。

以上で、春台の主著の一つである『経済録』要説を終える。春台は、中国の何千年以上もまえの先王の道・孔子の道と、日本の当時の激動期ないしは転換期における現実社会とのあいだに見られる矛盾やギャップを乗り超えて、困難な経済論の論述に成功している。それらのなかには、春台の経済思想における動揺や、ときにはこじつけも見られるものの、なかには現在の世相に十分通ずる理論、さらには世界に誇るにたる経済理論の展開も見られる。次章において、春台の重農主義的経済思想から、重商主義的経済思想へ進転していくプロセスを詳しく述べることとする。

四 『経済録拾遺』中の「食貨」の要説
——重商主義的経済思想への進展——

1 春台最後の自問自答——徂徠を超えて

春台の経済思想の動揺と彼の心底にある思想

太宰春台は、繰り返して述べているように、前掲の『経済録』段階では、師の荻生徂徠とともに、封建的な幕藩体制を維持するためにも農本主義的な経済思想を唱えざるを得なかった。しかしその心底において、春台の重農思想は動揺していた。春台は、先王孔子の道を究めれば究めるほど、師の徂徠の経世思想を継承すればするほど、実態社会との乖離は増すばかりである。その土壇場に追いつめられた春台は、心血を注いだ「屠竜の芸」も捨てて、いやそれを乗り超えて、激動する動態社会に適応する経済思想をうちたてねばならぬ。既述するごとく、備前の湯浅氏に与えた春台の書中にある、「純すでにその立論に誤りの多いことを知る。考えがまだ尽くされていない」という述懐に対する、その成果ともいうべき『経済録拾遺』(二巻)が刊行されるのである。

『経済録拾遺』への経済思想の進展

ところで春台は、師徂徠の経学を継承発展させたと一般にいわれているが、経学とは四書・五経などの経書を研究する学問のことである(注、四書とは「礼記」中の大学・中庸の二編と、論語・孟子の総称。また五経とは易・書・詩・礼・春秋の五経書をいう)。のちに詳述するごとく春台は、激しい自問・自答の結果、経世学(経世済民の学)においては師の徂徠を超えるのであるが、経学とりわけ儒教関係においては、どのように評価したらよいのであろうか。次に重複するが、重要な意味を含むので、先学の論議の一部を再録する。

先学の春台観

①「大日本思想全集月報・第十一号」から、

春台の思想は、大体において、徂徠の考え方を敷衍していくというに止まっていたが、これを説くにあたって、彼は明快に論理のあとをたどった。……春台のいうところは、一方に偏して余りに儒教を尊敬するために、仏教および神道をことごとく非難し……いかに彼が儒教のプロパガンダに成功したかということを知ることができる。

丸山真男氏の見解。春台と蘐園の頽廃現象

②『日本政治思想史研究』（丸山真男著）から、

しかし蘐園学派そのものに於いても、もはや徂徠学以上の理論的発展は見られなかった。それどころか、蘐園がその黄金時代を誇った頃、すでに、外面的な隆盛の蔭には徂徠学の分裂が進行していた。われわれは徂徠が儒教を政治化しながら、いな政治化することによって却って非政治的な契機を自らのうちに導入した次第を、徂徠学における公私の分岐として語った。

一方において春台が古文辞の弄（もてあそ）びを「糞雑衣（ふんぞうえ）」と罵（ののし）り、「聖人ノ道ハ、天下国家ヲ治（ムル）ヨリ外ニハ所用ナシ……是ヲ捨テ学（バ）ズシテ、徒ニ詩文著述ヲ事トシテ一生ヲ過ス者ハ真ノ学者ニ非ズ……」と痛論し……。しかもこうした蘐園の頽廃は既に、徂徠の直弟子の概（おおむ）ね他界した明和・安永の頃に開始されていたのである。

松浦玲氏の見解

③『近世日本思想史研究』(奈良本辰也編) 所収「近世後半期の思想」(松浦玲論文) から、

春台は朱子学批判という面では徂徠の忠実なる後継者である。そこには内容的に新しくつけ加えたものは皆無であるといってよい。それは、見方を変えれば、徂徠の朱子学批判がそれほど徹底しており、徂徠の「リアリズム」が矛盾と苦悩に満ちていたように、春台のそれは、より一層大きな矛盾を抱えているとしなければなるまい。

春台の相対主義、春台の苦悩

徂徠においても現われていた古学派的矛盾は、春台においてますます深く、そして春台はいま、その古学派的原則を犠牲にしてでも、この矛盾から抜け出すかどうかの瀬戸ぎわにたっているのである。

そこでは、徂徠のような復古的現実主義ではもう間に合わない。だから、春台の相対主義は、より強く現実の動きを重視する経験主義的傾向をみせながら、しかも儒教の原則を完全に放棄してしまうわけにはいかない苦悩の現われだとみることができる。

春台は儒学面では師の徂徠を超えることはできなかった

もちろん上掲の三事例だけで、春台の儒教ないしは儒学面での師の徂徠との比較には無理もあろうが、その他の諸先学の研究成果や論説も合わせて、古文辞学派の創始者で

徂徠は御用学者であり、重農主義的経済思想を超えることはできなかった

日本の近代化思想の鼻祖徂徠は、一面悲劇の思想家でもあった

ある徂徠が、その継承者である春台より、古文辞学に対して確乎たる信念をもっていたことは当然といえよう。やはり、儒学面では春台は徂徠を超えることはできなかったといえる。春台は「儒教のプロパガンダに成功し」、経学よりも、むしろ経世学を通じて蘐園学の継承発展に貢献するのである。

ところで、徂徠自身も、先王孔子の道に忠実であればあるほど、現実の封建的幕藩体制の困窮・財政危機、商人階層の台頭、旅宿・無制度など、社会組織の無秩序、彼の描く儒教的理想社会と現実社会との乖離ないしは逆行などは、危機の思想家の範疇を超えて、悲劇の思想家でもあるといえよう。徂徠は御用学者であり、彼の儒教的信念からも、封建的幕藩体制を守るためにも、既述するごとく、人返し・武士土着論・農民転業抑止論・商人排斥論などを主唱して、自然経済的な重農主義的思想を超えることはできなかった。徂徠ともあろう人が、時代の変遷に対応する経済思想を確立し、積極的に幕藩体制の窮乏・財政の逼迫を救済することができなかったところに悲劇の思想家の真意が潜む。「聖人の道を従来の道徳学的な解釈でなく、治国済民の政治学として理解する」ことが、徂徠の創始した蘐園学派＝古文辞学派の信条であったはずだ。表面的には豪放磊落に見える徂徠の心底には、彼のかかげた信条と現実との乖離ないしは逆行に、

破滅的な自己矛盾（Selbstwiderspruch）を感じたにちがいない。

日本の近代化思想の鼻祖、危機の思想家として、日本の思想史上に巨峰のごとく聳え立つ巨儒徂徠の陰に隠れて、とかく春台の偉さが不明確であるのは、既述するごとく、従来の諸学者が『経済録拾遺』「食貨」編を未見か、無視または軽視していたことにもとづくものである。

春台と徂徠は「もっとも近くて、もっとも遠い人」

春台は、十年間の禁錮生活を終えて江戸にかえり、親友安藤東野の仲介で、不世出の天才・一世の傑儒といわれた徂徠との劇的な対面をへて、蘐園社に入門したのは三十二歳のときであった。豪胆で放逸な徂徠なればこそ、個性（あく）の強すぎる、剛直で圭角で理屈っぽい春台を抱擁（ほうよう）し得たのである。徂徠と春台は、「もっとも近くて、もっとも遠い人」であった。とりわけ徂徠は、春台の人をはばからぬ直言には不快感を示した。もちろん徂徠は、春台の偉才を内心では認めていた。しかし徂徠は、「蘐園社において誰が一番勝れているか」の問いに対して、詩文では服部南郭をあげたが、経学・経世学では春台をあげなかった。

徂徠と春台とは、性格的にも学問的にも異質

まえにもふれたごとく、『文会雑記』の、「徠翁モ春台ヲバ、シカトシラレザルヤ、一世（生）サホド気ニ入ラヌヤウニテ過（ゴセ）ラレタリト也」とか、「鶏肋視」（注、徂徠が

春台を軽視することのたとえである）の事例からも、二人のあいだには人間性（性格的）にも、学問的にも、基本的なへだたり（異質性）があった。『紫芝園後稿』における春台の次の記述など、それらの事情をよく示している。

> 徂徠先生、奇を好むの癖あり。中年、古文辞を好む。是に由りて遂に古訓に通ず。奇なり。遂に之を守りて変ぜざること十余歳にして歿す。余惟ふに先生は豪傑の姿、少より老に至り、学術知識数々変化せり。若し之に仮すに年を以てすれば、久しからずして必ずや古文辞の非を覚え、決して終には之を好まず、則ち其の文亦た必ず一変せしならん。

春台も、自分の経済思想の転換をよそに、師の徂徠を「学術知識数々変化せり」と、批判しているなど、「近くて遠い、遠くて近い」師弟の人間関係の機微がうかがわれる。春台が、さがし求めてようやくめぐり合うことのできた徂徠を尊敬する他面において、いやそれゆえに彼の本性（天性）が、師に直言し批判し、いつも師を乗り超えようとしていたのである。

春台の『経済録拾遺』著述に対する心構え

春台が、『経済録拾遺』の著述に対する心構えとして、その心底にあったことは、第一に、師の徂徠の『政談』の論議を強く意識していたこと、第二に、激動する経済社会の実態、とりわけますます困窮の度を増し、その行くところを知らぬ幕藩財政・経済の救済と振興のために、前著『経済録』に内潜する先王孔子の道に通ずる、その指導原理を放棄してでも、もっと納得のできる現実的で、より合理的な指導原理をうち立てようとしたことである。

自己矛盾の止揚

なお『経済録拾遺』は「制度」と「食貨」の二巻からなるが、「制度」における要点は、「諸侯の次男以下を如何処置せんや」（原文）の「問い」に対する春台の「答え」、すなわち自問・自答であり、頁数も少なく、内容的にも見るべきものはない。春台が、どうしても書き残しておきたかったのは「食貨」であろう。彼が『経済録拾遺』「食貨」を書いた真意は、師の徂徠の『政談』に対する挑戦であり、自分への挑戦であり、まさにそれは、『経済録』以来、長くいだいており、心の深奥において、激しい葛藤をつづけていた自己矛盾の止揚（Aufheben）であり、春台の最後の自問・自答でもあった。しかし、忘れてはならないことは、春台は徂徠の教えを受けたからこそ、歴史の発展の法則に従って、苦悩の果てに師を乗り超えること（止揚）ができたのである。やはり徂徠も春台も、日本の経済思想史上に輝く偉大な人物である。

2　自問

自問

最後の対決

幕藩窮乏対策のために、浪人の春台は、なぜ高禄な御用学者徂徠と競うのか？

春台が、心血を注いでおさめた経世学（経世済民の学）と、激動する社会経済の実態把握のための、時・理・勢・人情の奥義をかけての最後の対決、ないしは経済思想の止揚が、この『経済録拾遺』「食貨」である。当然それは、彼の経済思想の到達点でもある。春台は、師の徂徠とともに、一貫して幕藩財政経済の困窮の救済と、その振興に全力を傾注している。御用学者として高い俸禄と地位に恵まれた徂徠はともかくとして、もちろん春台の強情や偏屈な性格にもその一因はあるとしても、境遇の点では師の徂徠と対蹠的立場におかれ、ほとんど一生を通じ貧しい処士（浪人）として、まともな俸禄さえ恵まれない春台が、なぜまるで徂徠と競うがごとくに、幕藩（権力者）の窮乏対策と振興のために目を向けるのであろうか。

ところで、『経済録拾遺』「食貨」における春台の「自問」すなわち「問い」は、「近来諸侯大小ともに、国用（藩の経費）が不足して貧困することが甚だしい」という記述からはじまり、当時の幕藩体制、とりわけ諸藩・諸侯の貧窮の実態を、春台独特の筆法で記述する。春台は、この自問のしめくくりとして、「了介（熊沢蕃山）が、諸侯の国用が、じりじりとおしつめられるといったのは、正しく今のときである。いかなる術にても、救い得るとは思われない。そもそもこれを救うための術（わざ・方策）があるか、ないか」と、最後の力を振り絞って彼自身の体へ心へ、いや魂に向かって、伝家の鎗を突き刺すのである。「いかなる術にても、救い得るとは思われない」とは、戦わずしての敗北を意味する。この難問のまえには、先王孔子の道も術も、師の徂徠の論議も、自分の誇る「屠竜の芸」も、彼の血に流れる祖先に対する矜持さえ、崩れかねないほどの激しい自問であり対決である。

自分への、師徂徠への、先王孔子の術への挑戦のごとく

しかし、春台の心底には、この不可能に近い難問を、自分（純・春台）が、全力を振り絞って、次に答える（自答）のだ、という自分への挑戦、師徂徠への挑戦、先王孔子の術への挑戦をさえ思わせる気概があったのである。次に、その自答（答え）を述べる。

3 自　答――春台の経済思想の到達点

一、およそ経済の術は、医者が病気を治すようなものである。病気を治すには、その本を求めるということが大法だけれども、急であればその標（末）を治すということがある。

経済の術を医術にたとえる

諸藩の窮乏は極限に達しているので、応急手当を要する

春台は、経済の術を医術にたとえる。国家は制度を立てるのが本であり、制度（本）がなければ風俗は敗れて国用（藩の経費・財政）が足りなくなるもので、この急を救おうとするのが末（標）であるとする。制度を立てることの重要性を力説したのは師の徂徠であるが、その点は春台も同じである。春台はつづけていう。しかし天下（全国）の制度を改めることは、一国（藩）の力では無理だろうが、天下の制度を改めなければ善い経済は行われない。だからといって諸藩の今の急場を救わずに、そのまま放任しておくわけにはいかない。一国には一国の経済があり、工夫すればどのようにでもなることを放任しておいて、しだいに困窮の度が増していくのは、智術のないことである。医者が急であればその標（末）を治すというように、今の病気の急なことを見て、これを救わねばならないと春台はいう。春台は医者であり、人間の健康は基礎医学を本とするが、急病には応急処置（標）を必要とする、というのであろう。ということは、現時の各国（諸藩）の財政窮乏は、その極限にまで達しているが、早急に天下（全国的な）の制度（本）を改めることはむずかしい、だからといってこのままでは、各藩の財政、ひいては幕藩体制の崩壊（死）を待つしかない、そこで応急手当（末）として智術を尽くして、この最悪の窮状を救わねばならない、とするのである。

二、昔は日本には金銀が少なく、銭を鋳造することもなかったので、金銀を使うことは稀であった。銭も異国（中国）の銭だけで用が足りたが、慶長年中から金銀が多くなり、寛永に銭を鋳造してから、大事には金銀を用い、小事には銭を用いた。また当代は天下の人が貴賤を問わず、多くは江戸に集まった旅客なので、万事金銀で用をたす習慣となった。旅客でない者まで旅客と同じように米穀布帛を宝とせずに金銀を宝として、田舎のすみずみまで、金銀さえあれば、米穀布帛は得られやすいと思っている。

金銀をとうとぶことが昔の百倍にもなった（貨幣経済の浸透）

だから今の世は、ただ金銀の世界で、米穀は朝夕の食事だけで、また布帛は衣服にあてるだけでたりる。その他は全部金銀で大事も小事も一時に用をたすので、天下の人は金銀をとうとぶことが昔の百倍にもなった。

今の世は米穀布帛があっても、金銀が乏しければ世に立ちがたい、と春台はいうのである。そして、小民の貧しい者だけでなく、士大夫以上諸侯国君も、みんな、米穀布帛があっても金銀が乏しければ生活ができないのは同じである。だから今の世は禄のある士大夫も国君も、みんな商賈（商人・あきんど）のように、もっぱら金銀で万事用をたすので、何としても金銀を手に入れる計（はからい）をなす（なさねばならぬ）。これが今の急務であるというのである。

商賈のように金銀を手に入れることが急務である

春台は、『経済録』「食貨」編の当初において、たとえば彼の「貴穀賤貨思想」や「農本商末思想」でうかがわれるごとく、すでにそこには心の動揺と経済思想の迷いが見られ、その様相は他の論議においてもしばしば見られた。ところが、ここに至って、はじめて春台の迷いや経済思想の動揺は止揚されて、重商主義的な経済思想への進展を見せるのである。

重商主義的な経済思想への進展

重商主義的経済思想の転換、「春台学」の成立

春台はいう。「金銀を手に入れる術は、売買より近きことなし」、この経済思想こそは、明らかに春台思想の転換、ひいては新しい「春台学」の成立を意味する。前述するように春台は、経済の術を医術にたとえて、制度を立てるのが本で、諸侯の困窮を救う応急措置が末とはいったが、内心では、本を立てるのはとうてい無理なので、末に依存するよりいたし方がない、と思っているのである。まさに、「建前と本音」の関係にある。この重大な経済思想の転換こそ、日本経済思想史上における最重要に属することがらであるのに、一般に従来の諸経済学者が、それほど重要視していないのは、『経済録拾遺』を見ていないか（未見）、無視または軽視しているからである。

春台はいう。当代でも昔から売買にて国用をたして、禄食に代えている国（藩・諸侯）もあるとし、次のような諸事例をあげている。

専売事業の有利性の諸事例

1　対馬侯は小国を領有して、わずか二万余石の禄高だが、朝鮮人参、その他の諸貨物を甚だ安価に買い入れて、一国（対馬藩）で独占して甚だ高価に売り出すので、二十万石以上の禄高より、なお豊かである。

2　松前君は松前を領有して七千石の禄高だが、国の土産と、蝦夷の貨物を独占して高価に売るので、五万石の諸侯以上の富である。

3　石州の津和野侯は四万石余の禄高だが、板紙（石見半紙）を造って専売としたので、十五万石の禄高に相当した。

4　同じく石州の浜田侯も津和野侯にならって、板紙を製造専売しているので、五万石の禄高で十万石以上の富をなした。

島津侯の琉球貿易の有利性

5　薩摩（島津氏、七十七万八千石）は大国だが、琉球の貨物を独占販売したので、その富は海内に勝った。中国の貨物も、琉球に伝わって薩摩に入り、薩摩から日本の諸国へ流布することが多い。

6　新宮侯（水野氏）は紀州藩の上席家老で三万石の禄高だが、熊野の山海の物産を独占販売するため、富は十万石に相当する。

とりわけ「国際貿易」の有利性

上掲の全事例は専売事業である。春台のあげた右の事例中、とりわけ注目されるのは、

1の事例の対馬侯の朝鮮人参などの輸入と販売の独占、および5の事例の薩摩藩（島津氏）における中国の貨物を琉球を経由して輸入と販売の独占をしている事例である。これらは明らかに藩間貿易を超える「国際貿易」であり、当然そこには輸出品があり、その全部が片(かた)貿易（One-Side trade）であったとは思われない。参考のために「琉球貿易」（『角川日本史辞典』）について、島津氏との関係部分を引用してみよう。

再び島津侯の国際貿易の事例（多大の利潤）

島津氏は砂糖を奄美・喜界島などで官営、輸入し、国内市場を独占する一方、歴代中国の冊封を受けさせて毎年進貢させ、薩摩藩の資金で調達した上布・芭蕉布・かつお節・いおう・馬・金屏風などを輸出し、中国から生糸・書籍・文房具・絹織物などを輸入、中国貿易を独占し、多大の利潤をあげた。

周知のごとく、江戸幕府は寛永十二年（一六三五）の鎖国令以来（注、ただし鎖国の完成は寛永十六年）、長期にわたって特定の国（注、変化するが、ほぼ中国とオランダ）以外の貿易は禁止するが、藩営の専売の盛行は目を見はるものがある。

特産物の作出奨励

春台は、上掲のような専売制度や貿易の事例をあげ、これらの経済にならって計策を用いれば、大小の諸侯の国（諸藩）にいろいろある土産（土地の産物）を考案して、少ないところでは民を教導・督責して、その土性・土質・風土に合った百穀のほかに、木でも草でも、用に立つ物を作って土地の産物を多くすべきである（特産物の作出奨励）。また藩民によい細工（注、農・工品の加工製造など）を教えて、農閑期に何なりと人間（世間）の役に立つものを作出させ、他国（他藩）と交易して国用（藩の経費）の足しにするがよい（注、特産工芸品や農産加工品の作出とそれらの藩間貿易の奨励）。これらはみんな国（藩）を富ます術（方法）であると春台はいうのである。

藩間貿易の奨励

この実践的な経済思想は、享保・寛政・天保の諸改革における幕藩の産業振興政策、および明治初期の殖産興業政策に通じる、きわめて重要かつ注目すべき日本の産業政策の大切な柱をなすものである。春台はつづけていう。

明治初期の殖産興業政策に通じる

三、田租を多く取る（四公六民の租率）上に、また山海の物産やその他の貨物から征税（強制的課税）を出させれば、民が苦しむので大方は征税はない。ところが近世諸侯の藩で、用度が不足して苦しいため、昔から征税のないところに、新たに諸物の征税をはじめて、民がそむき騒動になることが多い。つつしまねばならない。

諸藩の征税を戒める、騒動の原因となる

幕藩財政が逼迫の度を増すに従い、増徴に増徴を重ね、その悪政にたえかねた百姓や、とりわけ米価の高騰に泣く庶民達は、百姓一揆や「打ちこわし」などにより抵抗または反抗するのである。

悪政による、百姓一揆や「打ちこわし」

ところで、前述のように春台の本音(ほんね)は、「今の世では金銀を手に入れる計をなすことが急務であり、それには商人のように売買をすることがいちばん近道である」ということである。これだけ明らかに春台の考え（経済思想）を示したことは、彼がすでに重商主義的な経済思想へ進展＝転換しているからである。春台の本音はつづく。困窮せる諸領主（諸藩）に対する経済振興策の提言である。

領主の経済政策に対する春台の具体的な指導

四、それゆえ今の経済には、領主が金を出して、国の土産やいろいろの貨物を全部買い取って、そこで買うものがあれば売るがよい。

そうでなければ、船や馬で、江戸や京都や大坂へ運んで売るがよい。およそ諸国の土産は、そこの民（貨主・荷主）が他所へ行って売る場合には、多少の路費がかかる。船賃や馬の駄賃もいる。行先（他所）には問屋があり仲買がいる。宿をとれば飯銭や手数料も世話代も灯銭もお礼の酒銭もいる。これら諸般の費用を差引いた余りが貨主（荷主）の所得（もうけ）だから、その利は多くない。

現代の価格理論にも通じる春台の論議

また他国の商人が来て、処々の土産を買い集めて他所の問屋に売ることがある。その場合には他国の商人が路費・飯銭を出して貨物を買い取り、船賃や駄賃を出して他処へ運び、賈人(こじん)（座商）に売り渡して、ずいぶん利をとろうとするので、本にて貨物を買い取るときは、必ず安い価格となる。本の民（貨主・荷主）は旅行（たびがけ）をしないので、労力も費用もかからぬが、原価を安く売るのでこれまたその利は多くない。春台は前述のように、殖産興業政策に関連する精彩ある諸藩の産業振興政策を強調するのであるが、右の所得と費用との関係など、理論的には現代の経済学に十分に通じるものであり、当時の考えとしては注目すべき、きわめて実態に即応した、しかも精密な論議である。

春台の蔵屋敷論

さらに春台の考えは精彩さを増す。次は、蔵屋敷（くらやしき）の論議である。

具体的で説得力のある蔵屋敷論はつづく（蔵屋敷の経済的効果）

五、今もしもその国主（領主・藩主）が金を出して、その国（領地）の土産貨物を全部買い取れば、民は居ながら他所の商人に売るのと、他所へ旅行して問屋へ売るのと、両者の価格を比較考察して、その価格より少し高値に買い取っても、多くの貨物を一処に集めて、江戸・大坂などの都会に送って、府庫（蔵屋敷）に入れておいて、時価（相場）の高いときに売り出せば、国民（領民、生産者）が個人売りするよりも、その利は多い。国民は旅行の労もなく、諸費用もなく、（他国の）商人に売るより利が多いので、貨物を隠さずに全部出すだろう。

しかし万一悪役人がいて、国民が私売り（個人売り）するよりも価格を安く買おうとすれば、民は喜ばないで貨物を隠し、ひそかに私売りをするだろう。そうなれば上は法でこれを禁じようとするが、そこに犯罪者が多くできて民の騒動となるだろう。

春台の蔵屋敷の経済的効果の論述には、きわめて臨場感があり、しかも説得力がある。春台の論議は、その実態をよく見つめて、その本音を吐くときにいちばん光彩を放つ。

春台は、繰り返して蔵屋敷について述べる。

今もし領主（藩主）が金を出して、国内（領地）の物産を買い取り、民が従来個人売りするよりも利が多いようにすれば、民は必ずこれを便利と思って喜ぶだろう。近方の国と交易するほうがよい物があれば交易するがよい。しかし大方は江戸と大坂の両所へ送って蔵屋敷（府庫）に入れておき、藩民のなかからよい商人各一人を選んで、江戸と大坂にそれぞれ居住させ、これを蔵主（蔵元）として、他の商賈から入札を取って高価の者に売るとよい。有禄の士のなかから清廉な者一～二名選んで、そのことを監察させるとよい。今東西国の諸侯が蔵米を大坂で売っているが、たいていこの法である。

石州の蔵板紙は有名

石州の板紙はみんな二侯（注、前述の津和野・浜田両侯）の蔵から出るので蔵板紙といって有名だ。

上述の諸論議から見ても、春台の経済思想は、重商主義的な経済思想へ転換していることは明白である。

「金を豊かにする術は、市賈の利がいちばん近い（注、原文は「金を豊饒にする術は、市賈の利より近きはなし」）」

春台の経済思想の到達点

この思想こそ、春台の経済思想の到達点である。もちろんこの思想は、決して純一無雑ではない。それは、前述の春台の仮定のごとく、本に対する末の、どこまでも応急的な、当時の急を救うためのひとつの術（原文、一術）としてであろう。とはいうものの前述の、「いかなる術にても、救い得るとは思われない」といった春台の本心には、農本的な経済諸策では、どうする術もないが、国際貿易や専売による藩間貿易や蔵屋敷などで豊かに治めている諸藩があるではないか、それらはみんな「市賈（しこ）（あきない）の利」によるものであるとして、詳細で説得力のある立証をしている。当然、春台の心の中には、

説得力のある立証

重商的な経済思想が開花していたのである。この経済思想こそ、従来の農本的ないしは重農的な経済思想から、新時代の到来を予見・予測するごとき重商主義的な経済思想への転換の「結節点」を示すものであり、春台こそ、その担い手であった。

思想転換の「結節点」

しかし、この段階において、なお春台は、中国古代の故事に、強いこだわりを示して

気になる漢の世の均朱という売買の法（春台は中国古代のことを気にしすぎる）

いる。

六、昔管仲（注、春秋時代の斉国の賢相）が斉国を治めたときにも、これに似たことがあった。漢の世に桑弘羊が均朱（または均輸）という法があったのを、その世でも誹り後世の経済家も多く譏ったけれども、国家に便利で、民にも害がないので、必ずしも弘羊を咎むべきでないと、明の焦弱侯がいっている。弘羊は本、商人で、均朱は売買の法である。彼もやむを得ず、時を救った者である。今澆季の世（末世のこと）を、昔のごとく、金銀も銭も少なくして、国用が足り、士民が不便でないようにすることは、大善だけれども、天下の制度を改め、人民の風俗を易えなければそれも及びがたい。それゆえただ一国（藩）の計策で金銀を豊かにするよりほかに方法がない。金銀を豊かにする術は、市賈より近いことはない。世に管仲のような賢者があって、桓公（注、春秋時代の斉国の第十五代の君）のような君に用いられるならば、必ずこの術を行うだろう。三～五年の内には、必ずその国を富ますであろう。

春台最後の決断、諸侯に重商主義的な諸策を勧める

今県官長崎にて、外国船の貨物を買い取って、海内（天下、日本国内）に売り出されるのは、まさしく市賈（あきんど・あきない、むしろ国際貿易のこと）である。諸侯がその国の土産（特産物）を専売により、他所へ市賈すること（藩間貿易）に何の遠慮がいろうか、

どしどし積極的にやるがよい。

春台の頭のなかには、上述の琉球貿易にせよ、長崎貿易にせよ、利潤がきわめて大きいので、良港にめぐまれた藩には貿易をすすめたいが、鎖国政策下における現状では、とうてい望めぬところなので、せめて諸藩は農・工の特産物を作って、それを専売として藩間貿易をせよというのである。春台は、繰り返して述べているように、中国古代の故事に、強いこだわりをもっているが、その本心は、日本の激動する当時の経済社会の実態を見て、

「春台学」の核心

「金を儲けるには市賈が最上で、その方法としては、国際貿易が最善の方法であり、諸藩独自の農・工の特産物の専売事業による藩間貿易が次善の策である」

としており、これが「春台学」の核心である。

前期的な日本の資本主義の萌芽

歴史の流れにおいて、そこには前期的とはいえ、すでに利潤の追求を原動力として、資本が支配する資本主義（capitalism）の萌芽が見られる。

第三　世界に通用する太宰春台の経済理論の先進性

春台に対する正当な評価が望まれる

太宰春台は、既述するように、『聖学問答』「巻之上」において、「もし只今にも孔子に拝謁して、純の所見をあらわして、その是非を正そうとすれば、おそらく孔子は必ず自分に印可したもうであろう」というほどに、孔子の道をきわめたと豪語している。さらに春台は、荻生徂徠の門に入ってからも、徂徠に「鶏肋視」されながらも、「徂徠の禦侮（ぎょぶ）」を自認し、師に直言を惜しまなかった。春台は、その生涯をほとんど処士（浪人）に甘んじ、紫芝園（ししえん）における門人の教育と、四十余種におよぶ著作に心血を注いだ。従来の日本の諸学者は、徂徠の蘐園（けんえん）学派は二分して、「詩文章は服部南郭に、経学は太宰春台に継承された」というにとどまり、春台に対する正当の評価をしていない。

ここでは、春台の諸経済書の中に見られる、世界に通用する彼の経済理論の先進性について述べる。ただし前述と重複するところもあるので、その箇所は簡単に述べる。

一　比較生産費説との近似性

リカードの「比較生産費説」との近似性

既述するように、春台の「適地・適作（適産）と交易」の論議は、現在の経済学でいう「比較生産費説」の原理に近似している。この説は、イギリスの経済学者リカード（David Ricard, 1772〜1823）によって提唱された、貿易および国際分業に関する基礎理論である。すなわち、二国間において各国が低い生産費で生産しうる財を相互に交換すれば、双方とも貿易を行なわなかった場合より有利だという説である。

リカード（David Rieard. 1772〜1823）

既述するように、徂徠も『政談』において、それは「土産の貢物（みつぎもの）」について述べているが、「交易」という考え方ではない。次に、徂徠の『政談』巻二から関係部分をあげてみよう。

「五穀と人民とはどの国にもある物だか

ら、年貢米と夫役はその君の役目となる。その他の諸物は土地によってとくに勝れた所もあり、諸国が一様でないので、土産の貢(みつぎ)を上一人へたてまつることは、少しも無理なことではない。当然の道理で古今の定法である。その方法は公儀にて御入用の程を見積って、その大名の身上に応じて出させるのである。たとえば越前からは奉書紙、会津からは蠟燭(ろうそく)や漆(うるし)、南部や相馬からは馬、上州や加賀からは絹、仙台や長門からは紙の類などである」(注、原文を現代文に要約してある)

徂徠の「貢献論」には「交易」の概念がない

既述するように、春台には「交易」という概念があり、「徂徠の貢献論」を超えて、「国際貿易を最善の策」とするという論議にまで発展している。当然、春台の頭の中には「比較生産費説＝比較優位説」の概念があったのである。

『経済録』出版は、リカードが生まれる四十三年前

注目すべきは、春台の『経済録』の出版は一七二九年で、リカードが生まれる四十三年前であったということである。

二　生産要素の指摘

既述するように、春台の土地利用論における「地力無尽蔵説」は、李悝(りかい)が魏王に進言

した「尽地力之説」に依存するものであるが、これは日本では初見の説である。春台は、土地の最高度利用とその無尽蔵性の論議において、「地力を尽くすとは、土から出る利を残さず取り尽くすことである。地力を尽くす道は、その効果が出るに五年も十年もかかるので、それまでの人夫の労（労力）と、金銀の費（費用）」を恐れていては、土地の最高度利用はできないとしている。

労（労働）費（費用）などの生産要素の指摘

これは明らかに、資本・労働・土地などの生産要素（factor of production）の概念が、春台の頭の中にあったことを示している。またこの考えは、期待理論（expectations theory）にも通ずるものがある。

三　グレシャムの法則との符合性

グレシャムの法則と一致している

周知のごとく、グレシャムの法則（Gresham's law）とは、品位の劣る鋳貨が流通界に無制限に投入されると、従来の高品位の鋳貨が次第に退蔵されたり鋳潰（いつぶ）されて、流通界から姿を消すという現象のことをいうのである。これは、一五五八年（永禄元年）にイギリス王室の財務官であったグレシャム（T. Gresham）が、ヘンリー八世以降の悪鋳に対して、

三浦梅園（1723～1789）

「悪貨は良貨を駆逐する」という言葉で、その弊害の排除を進言したといわれ、グレシャムの法則と呼ばれる（命名者はH・D・マクラウド）。

春台や三浦梅園（みうらばいえん）（一七二三～一七八九、享保八～寛政元年、江戸後期の思想家）と、グレシャムの法則についての論議は、日本の経済史学者のあいだでも見られる。たとえば野村兼太郎氏は、同氏著『徳川時代の経済思想』において、「春台や梅園の著作の中からグレッシャムの法則を発見することは容易である。しかしそれは無意識とはいへないまでも、価値の少ないことである」（上掲書一〇ページ）とし、さらに、「彼（春台）も亦悪貨が行なはるる時に、良貨は埋蔵さるることを認めた一人である。所謂グレッシャムの法則を認めてゐる」（上掲書三五六～七ページ）として、春台の論議のなかで同法則と関係する部分を引用している。

梅園の『価原』

また本庄栄治郎氏も、同氏著『江戸・明治時代の経済学者』のなかで、「彼（梅園）は『価原』（注、一七七三、安永二年刊の梅園の経済論書）においてグレシャム法則を説いた者として有名である」（同書六八ページ）として、「梅園がいわゆるグレシャム法則を説いたというのは『悪幣盛んに世に行なはるれば、精金皆隠る』という一句である」といい、この句の前後の原文を引用し、「右の文によって見ると、この一節は貨幣偏重の結果、貧富の懸隔が大となり、富家に富の集まることを述べたものであって、必ずしもグレシャム法則の行なわれる事情を詳細に説明したものではないが、しかしその目的がどこに存するかは別として、右の一句によっていわゆるグレシャム法則にあてはまる思想を、簡潔な字句に含蓄せしめていることは、これを認めることができよう」（いずれも同書の一〇ページ）。

梅園の考え

次に、梅園が「悪幣盛に世に行なはるれば、すなはち、精金皆隠る」といった原文の前後をあげて、春台の論議と比較してみよう。

近年銭は鉄となり、銀は鈔となる程に、物価騰躍する者、緡環銭と同意にて衡傾きし故なるべし。もし其柄を正さずして其低昂に従んとならば、金銀愈多くして富家は則愈金を積み、貧家は則愈債を重ねん。悪幣盛に世に行なはるれば、すなはち、精金皆隠る。夫富家大なる者は巨万を儲へ、小なる者は数金を儲へ、小家は数金の家にかり、大家は巨万の家にかる。……小民の数金、大人の数万、其勢侔(ひとし)くして、同く富家の為に金銀を敺(かる)者なり。

既述のごとく春台は、「貨幣論」の随所においてグレシャム法則の主唱する「悪貨は良貨を駆逐する」という経済思想にふれている。

「元禄以来二十余年のあいだ、慶長金（良貨）は、いったいどこに隠れていたのであろう。怪しいことである。また享保の新令で、乾金を全部今の新貨幣に変えさせたが、乾金は精金であることを民間では知っているので、乾金もまた多く隠れたのであろう」

春台の考え

春台はグレシャム法則の核心にふれ、たび重なる悪鋳により、「悪貨が良貨を駆逐する」ことを、彼の経験則に照らして、乾金の駆逐をも示唆(しさ)しているのである。さらに春台は、グレシャムと同じく、良貨（金銀銅銭）の鋳造を主張する。次に、既述と重複するが、重要な点なので再録する。

春台の「悪貨は良貨を駆逐する」ことの具体例

「近年来銅の値段が高くて、世間によい銅が乏しいので、寛永・寛文の故銭（良貨）を集めて仏像や茶具や諸器物を鋳造する者がある。当今では百文の銭のなかで、元禄以来の悪銭ばかり多く、寛永・寛文の故銭（良貨）は十分の一〜二にすぎない。まして永楽以上の古銭はさらに少ない。これは良銭が消失する証である。幕府は制禁を立てて銭の消失を防ぐべきである」

この論述など、元禄以来の悪銭（悪貨）が、寛永・寛文の故銭（良貨）を駆逐した事例そのものであり、グレシャムの法則とまったく符合する。いうまでもなく、グレシャムが指摘するのと同じく、品位の劣る元禄以来の銅銭が流通界に多量に投入せられたので、高品位の寛永・寛文の銅銭が、銅不足という社会経済的背景において、しだいに退蔵されたり、鋳潰（いつぶ）されて、流通界から姿を消していったのである。

注目すべきは、上掲するごとく、梅園の一句はともかくとして、その前後の説明に照らして見て、彼の経済思想が、グレシャムの法則と完全には符合しないのではないかという疑問が残る。いずれにせよ、梅園の著書『価原』が刊行されたのは一七七三年であるのに対して、春台の『経済録』が刊行されたのは一七二九年であるため、春台の著書のほうが四十四年早く刊行されていたこととなる。

『経済録』は『価原』より四十四年早い出版

春台は、日本の経済史上において、グレシャムの法則の中核をなす「悪貨は良貨を駆逐する」ということを、ほぼ完全に立証している最初の経済思想家である。

春台は、グレシャムの法則と符合させた日本最初の経済学者しばしば繰り返して述べているように、春台の経済思想の根幹は、中国何千年以前の先王孔子の道にあり、激動・転換期の当時の日本の経済社会の実態を説明する武器としては、ときにそれが桎梏となり、ときに呪縛ともなりかねぬものであり、自己矛盾も懐疑も自問自答も深刻なものであったろうが、考えようによっては、徹底的に究めた彼の中国古聖人・聖人・賢人の、とりわけその経世思想ないしはその術を究めていたればこそ、かえって彼に独自の開眼と独自の理論を与えてくれたとも見られよう。さらに春台の胸底には、師の徂徠に鶏肋視(軽視)されてきた無念を晴らすには、師を超える以外にないと思っていたにちがいない。もっとも尊敬するがゆえに、もっとも憎む。これは師弟の、そして父子の真実の相であり、これあるがゆえに、弟子は師を超え、子は父を超え得るのである。春台は、師の徂徠を守って・破って・離れていく。歴史とは本来、愛憎も矛盾も、何もかも、乗り超え、乗り超えていくものなのである。

自己矛盾の克服、激しい自問自答

もちろん、いかなる理論も法則も、忽然と生まれるものではない。多くは存在していても気づかなかった(または、気づかない)だけである。そのことは自然科学においても、社会科学においても同じであろう。春台の上述の議論も、必ずしも理路整然としているわけではない。むしろかなり雑然と述べている彼の論議のなかに、いわゆる後にグレシャムの法則と命名されたものにきわめて近い、いやまったく同じことがふくまれているというのが、いちばん真実に近い。いずれにせよ、春台の先進性（先覚性・先見性）は十分認められる。

四　春台の困窮対策とケインズ政策との近似性

ケインズ政策との近似性

春台はいう。今の世は貢献ということがなく、上から金銀を出して商賈（しょうこ）（商人）から買い取る。また土木営作には都下から人夫を雇い毎日賃銭を与える。このように万事に金銀を出して用をすませるので、上の人が贅沢（ぜいたく）を好んで幾度も土木（事業）を起こせば、商人も百工も都下の人夫も、それぞれ金銀や賃銭を得て喜ぶ。上の奢侈（しゃし）（ぜいたく）は下の潤沢（うるおい）となるので、今の民は上（幕藩）の贅沢を望む。

春台の克明な経済実態の分析

もしも上の人が倹素（けんそ）（倹約質素）を好めば、金銀はみんな上（幕藩）の蓄蔵となって、工商以下役徒の細民まで利益を得ることがないので、かえって困窮する。これは今の政治が昔とちがうところである。このような法制（法律制度）の変化を知らずに、一概に昔の道をもって今の政治を行なおうとするのは、米価が安いことを太平の世というのは古代のことであるといったのと同じ意味である。だから古今に通達して、時を知れる者でなければ、善政を行なうことはできないとするのである。ここでも春台の、いわゆる「時・理・勢・人情」説が強い説得力を示している。

春台は現実とのギャップに苦しむ

繰り返して述べているように、中国何千年以前の先王孔子の道が、そのまま当時の日本、とりわけ「米遣(こめつか)い経済」から「金遣(かねつか)い経済」、すなわち重農的自然経済から重商的貨幣ないしは商品経済への激しい転換期の指導原理となり得ないことを、もっとも強く感じていたのは春台自身であった。春台は、中国のあらゆる古典に精通し、その蘊奥(うんのう)をきわめているだけに、とりわけ『経済録』段階における、現実とのギャップに対する自己矛盾は想像以上に激しかったことであろう。この矛盾は、既述するように、『経済録拾遺』によって止揚される。

春台は封建社会全体の問題として捉える

ところで春台の諸論説は、師の徂徠と同じように、幕府の安泰に力点がおかれていると見られているが、熟読してみると、彼は「衰退していく封建社会全体の打開策」として捉え、その論議を展開していることがわかる。もちろん春台の経世論は幕府中心に述べられているが、彼の視野はさらに広く、封建的経済体制全体の巨視的な経済対策に強い関心を示していることがわかる。春台は、「これは今の政治が昔とちがうところである」といっているが、この言葉こそ、彼の学問的な信念をも根底から揺(ゆ)さぶるごとき、当時の日本の動態的経済社会の激動に適応せんとする、彼の「叫び」でもあったのである。

春台の困窮対策

ところで、上述の春台の困窮対策に関する論述を整理すると、次のようになる。

① 今の世は上（幕藩）から金銀を出して商人から物を買う。

② また土木営作（幕藩の公的な事業）には都下から人夫を雇い賃銭を払う。

③ 上（幕藩）は万事金銀を出して用をすませるので、①や②が多ければ多いほど、商人も百工も都下の人夫も、それぞれ金銀や賃銭を得て喜ぶ。

④ もしも①や②がなければ、工商以下役徒の細民まで利益を得ることがないので、かえって困窮する。これは今の政治が昔とちがうところである。

ケインズ政策の原理と符合する

春台のこの論議は、明らかにケインズ政策（Keynesian policy）の原理と

ケインズ（John Maynard Keynes. 1883～1946）

有効需要

符合する。周知のごとく、ケインズ革命（Keynesian revolution）で知られるイギリスの経済学者ケインズ（John Maynard Keynes, 1883～1946）は、一九三〇年代の大恐慌に対して、公共事業の拡大を中心とする実践的な経済政策を提示した。簡単にいえば、不況を克服するためにまず政府は、公共事業を拡大する。それにより、一方では雇用が拡大され、他方において公共事業に必要な資材の生産が起きる。そしてその資材を生産するために新たに雇用を増し、それぞれの雇用拡大は賃金を通じて需要を増す。その波及効果は、最初の投資額の何倍にもなる。とりわけ大恐慌の場合には、右のごとき政策により多くの失業者を就業させ（雇用の拡大）、そのため多くの賃金が得られる。その賃金は有効需要（effective demand）、すなわち購買力の裏付けのある需要として、不況の克服・景気の拡大に役立つ。すなわち、雇用が増えれば所得は増え、所得が増えれば消費も増える（注、厳密には、消費の増え方は所得の増え方より少ない。そこでその差額を埋めるだけの新投資——投資の増加——を必要とする）。

春台の困窮対策は、その原理において、ケインズ政策と、きわめて近似的、むしろ符合的である。

五　貨幣数量説および貨幣価値学説との近似性——徂徠との比較——

貨幣数量説と貨幣価値学説

春台や徂徠の貨幣論のなかに、現代の経済学において、いわゆる貨幣数量説および貨幣価値学説に類似ないしは、そのまま該当・符合する部分のあることがわかる。それは蘐園学派の水準の高さを示すものでもあろう。もちろん当時の経済思想家達は、現在の経済学者のように、ある経済事象に対して、明確な定義や論理的な解釈をしているわけではないが、幾多の論述のなかから、現在の経済諸説に通じる理論が見出せるということである。

貨幣数量説の原理と符合する

春台も徂徠も、既述するように、各自の貨幣論や物価論において「貨幣数量の変化は、物価（水準）を変化させる」ことを繰り返して述べている。これは、現在の経済学における、「貨幣数量説」（quantity theory of money）と原理的には符合する。

貨幣価値学説と原理的に符合する

また、貨幣の価値がどこから出てくるか、その根拠を明らかにしようとする、いわゆる現在の「貨幣価値学説」に、春台の論議は、原理的に符合する。次に、関係部分を彼の論述からあげる。

① 享保十二年（一七二七）から新貨幣の大判金を用い、元禄の大判金を止めた。すなわち、元禄以来の悪鋳金貨幣（悪貨）を止めて全部慶長の故金貨幣（良貨）に復したのであり、誠にめでたい善政である。

② 享保年間の初めに新令が下布され、元禄以来の悪銀を全廃して、全部新幣を使わせた。そのため国内の銀貨幣は四分の一に減少し、士民は大いに苦しんだ。しかし数年たって新銀貨幣が国内にゆきわたり、しだいにその痛みも去って、いつとはなしに国初以来の故銀貨幣となった。これまためでたい善政である。

徂徠は名目主義、春台は金属主義（品位説）である

グレシャムの項でも指摘したように、春台は、良貨（金銀銅銭）の鋳造を主張する。その点に関するかぎり、春台は品位説をとり、「名目主義」（nominalism, 貨幣の本質を、その素材価値に求めるのではなく、交換手段あるいは支払手段としての機能に求める貨幣学説）より「金属主義」（metallism, 貨幣の本質を、素材金属に求め、貨幣価値はその素材の価値によって決まるとする説）に近い。しかし金属主義そのものではない。

ところで春台と徂徠のあいだには、貨幣価値説に対して相反する見解がある。春台は既述するように、彼の貨幣論において、「銭は好くても悪くても、一文はいつも一文だ

から、多くの銅や労力を費やす必要はないとするが、これは無学で古を知らぬからだ」といい、良銭増鋳の必要性を説く。春台は一貫して、金貨幣・銀貨幣・銅銭ともに、それぞれの貨幣を構成する素材を重視する。既述するように春台は、金山の開発を説き、銅の増加法を述べ、藩紙幣の発行に反対している。春台は、金属主義ないしは素材価値説に近く、名目主義ないしは貨幣購買力説には、むしろ遠い。

徂徠の見解

いっぽう徂徠の『政談』における論述は雑駁（ざっぱく）であるが、次に関係部分を整理してあげる。

① 現在どういうことをすれば日本を豊かにすることができるかといえば、銭を鋳造することが最良である。

② 金銀を金付石（かねつけいし）（試金石）で試（ため）して、品位が良いなどというのは両替屋のいうことで、大いに愚かなことである。慶長金（良貨）も元禄金（悪貨）も、位が変わらなければ一両はやはり一両である。

③ 金銀の本当の位というものは、銭が高くなれば位が下がり金銀の威光の働きが少なく、銭が安くなれば位が上がって金銀の威光の働きが強くなることで、金銀の性の美（注、素材である金銀の純度、いわゆる品位）とは無関係である。

右は徂徠の見解であるが、上述の春台と比較してこの点はいちじるしくちがう。しかし徂徠も春台も物価対策、とりわけ下級の士民の困窮を救うために、多くの銭の鋳造の必要を主張する点では一致している。また貨幣の数量の変化が、物価水準に影響を与えることも、両者とも繰り返して論述している。しかし、春台と徂徠の決定的なちがいは、貨幣の品位説における対立である。春台は金属主義、徂徠は名目主義である。

徂徠と春台の共通点

六　需給法則と価格理論の近似性

需給法則と価格理論の近似性

春台は、貨幣論において、「銭が少なくなれば価は高くなり、多ければ低くなる。他の貨物と同じである」といっている。春台の狭義の経済の論議の対象は、(1)食（米穀）と(2)貨であり、貨を分けて、(イ)人の生涯を助ける米穀以外のすべての貨物・宝貨と、(ロ)物に代わって用を足す貨幣（金銭・銀銭・銅銭）とする。したがってすべての貨の価格は、「供給が少なくなれば上昇し、逆に供給が多くなれば下落する」というのである。いっぽう徂徠は、彼の物価論において、「諸物を用いる人が多いので、諸物が高値になることは当然である」といっている。

いうまでもなく、すべての財貨の価格は、需要が多くなれば上昇し、逆に需要が少なくなれば下落するというのである。両者を合わせて、まさしく現在の経済学でいう、いわゆる「需要・供給の法則」(law of demand and supply)にほかならない。そしてこの古典的な競争市場のメカニズムは市場経済(貨幣経済=交換経済)の発生とともに起こり、その成熟とともに進行する。

春台の価格理論

次に、重複するが、春台の価格理論のいくつかについて述べる。

① 諸貨物は民から出て、士や大夫はそれを買って生活するので、価格が高くても、衣服や飲食類その他生活に必要なものは買わねばならぬ。工人や商人はこれを知っているので、常に価格を高くする。

需要の価格弾力性

これは、明らかに現在の経済学における、「需要の価格弾力性」(price elasticity of demand)の理論に通ずるものである。一般に食糧や衣服のような生活必需品は、価格の変化により、その需要量が多くは変わらない。ところが、これとまったく逆に、贅沢品は一般に価格の変動により、需要量がいちじるしく変化する。この場合前者(生活必需品)の需要は価格非弾力的であり、後者(贅沢品)の需要は価格弾力性であるという。商業者(売り手)は、この理論を彼らの経験則として知っているので、生活必需品の価格を常に引き上げるというのである。春台は、この理論を十分理解している。

② 商人が利益をむさぼる例をあげると、たとえば酒は米と水で造るが、米価の高いときは酒も高く、米価が安いときでも酒の価格を下げない。米価が高くなれば急に酒の値を上げ、米価が安くなれば米価の高いときに造った酒だといって急には価格を下げない。何でもこの調子で、折にふれて価格を上げ、一度上げた価格はなかなか下げない。

これは、明らかに現在の経済学における、「価格硬直性」(price rigidity) の理論に通ずるものである。普通の状態では前述の需給法則が示すように、需要が増えれば価格は上昇し、供給が増えれば価格は下落する。これを価格の伸縮性というが、この伸縮性を欠くのを価格硬直性という。現在の経済学では、価格硬直性の原因を、企業の市場支配力の強化や、各種の統制や規制によるとしているが、春台の論説は、きわめて具体的に当時の実態を示している。

価格硬直性

次に興味ある一文を再録する。

③ 貨物にはおのおの問屋があり、問屋には必ず仲間があり、江戸・京都・大坂をはじめとして、その他処々の問屋らが、仲間を結んで同盟となっている。何事によら

ず国家に変があって物価を上げねばならぬときなど、早馬を走らせてその仲間に知らせるので、国の急に便乗してすぐにその価格を高くする（いわゆる便乗値上げ）。また物の乏しいことを見通して有力な問屋は、その物を占める（買い占め）ので、すぐに物価は暴騰する（寡占価格の形成）。四海広しといえども、掌に取るように価格を自由に操作できるのは、仲間を結ぶこと（同盟）と、早馬使（駅使）の往来が便利であるためである。

価格の下方硬直性

春台は、前述の価格硬直性を超えた「下方硬直性」の理論に通ずる、当時の社会経済情勢を述べている。もちろん厳密な意味ではないとしても、春台の意識しているこの価格現象の原理は、明らかに有力な少数の問屋が、物の乏しいのを見通して買い占めることによって生ずる「寡占価格」（oligopolistic price）の形成に通ずるものである。寡占や独占のもとでは企業（注、この場合では有力な問屋）は価格支配力をもつので、一般に価格は下方硬直的で需給法則が働かず価格は下落しない。まして生活必需品が不足して、しかもそれらが少数の有力な問屋に買い占められた場合には価格が暴騰することを、春台は十分に認めていた。そして激動・転換していく経済社会の実態、とりわけ「むさぼるばかりに利益を追求する新しい商人階層のあくなき発展」に対する、春台の自己矛盾ないし

寡占価格

は自問自答の解決が、上述するように『経済録拾遺』中の「食貨」によって実現するにいたるのである。

七　国際貿易についての先見性

国際貿易についての先見性

すでに、第二・四・3「自答——春台の経済思想の到達点」で詳述するように、春台は「金を儲けるには市賈が最上で、その方法としては、国際貿易が最善の方法である」といっている。なおこの部分の説明は重複するので省略する。

次に参考までに、現在いわれている経済学（economics）と、春台との関係についてふれておく。現在の経済学は、人間社会における物質的生活資料の生産と交換を支配する諸法則を研究する学問であるとされている。古典学派の時代には政治経済学（political economy）とよばれていたが、economicsの語が、十九世紀末に、イギリスの経済学者マーシャル（Alfred Marshall, 1842~1924）たちが使いはじめて以来、広く用いられるようになった。なおeconomyの語は、ギリシャ語のoikos-nomos（家の法）に由来し、家を治める「家政」の意味である。

アダム・スミス

春台の『経済録拾遺』の出版は、アダム・スミスの『国富論』より三十二年早い

古典学派（classical school）は、イギリスの経済学者アダム・スミス（Adam Smith, 1723～1790）、同じくマルサス（Thomas Robert Malthus, 1766～1834）、リカード（前述）らによって発展させられた経済学の体系をいう（注、ミル、マーシャル、エッジワース、ピグーらもこの派に属する）。

先進国においてさえ、古典派経済学の始祖といわれるスミスが十八世紀の人であり、また近代経済学（modern economics）のはじまりは、一八七〇年代の限界革命（marginal revolution）からである。先進国の経済諸学説や諸法則の多くは、先人の諸説や論議を純化して、後世の経済学者が命名したものである。したがって春台が一七二九年に出版した『経済録』に見られる幾多の経済諸説は、それは純化されたものでなくても、その学問的な価値は当然高く評価される。前掲のアダム・スミスの著名な『国富論』（The Wealth of Nation）の出版は一七七六年で、春台の『経済録』より四十七年遅い。

アダム・スミス（Adam Smith. 1723～1790）

なお春台の『経済録拾遺』の刊行は一七四四年であるが、スミスの『国富論』より三十二年早い。

日本人の通弊として、一度外国で評価されたものでなければ評価しない。物を見る眼（眼識）がないのである。先進国に通用する春台の経済理論の先進性には驚くべきものがある。

第四　「春台学」の生成と社会経済的背景および「春台学」の系譜

一　「春台学」の生成

「春台学」の生成

既述するごとく春台は、『経済録拾遺』「食貨」において、師の徂徠が超えることのできなかった壁を乗り超え、ないしは止揚して、蘐園学派の経済思想の最高峰に達することができた。このように春台が、重農主義的経済思想から、重商主義的経済思想へ転換していく学問体系、具体的には前掲の『経済録拾遺』「食貨」を中核とする春台の経済思想を「春台学」と呼ぶ。

春台は商人層の台頭を社会経済の成熟と見る

鎖国的な封建社会において春台は、師の徂徠が主唱して止まぬ「商人排斥論」を熟慮の結果、商人層の台頭（たいとう）こそ社会経済の成熟と見たのである。春台が、もっとも有利なのは市賈（あきない）で、その第一は国際貿易であるということを認めていたことと、さら

重商主義は資本主義発展の第一段階である

に抜本的に大切なことは、資本主義発展の三段階、すなわち「重商主義→自由競争的資本主義→独占資本主義」の第一段階である重商主義ないしは前期的資本主義への発展原理に対する——迷いや論理の乱れはあったものの——先見と理解を示していたということである。春台学はこのような経済思想の転換期に生成された。

二　社会経済的背景

1　元禄から享保期の社会経済の激動と天変地異

社会経済的背景

春台は延宝八年（一六八〇）に生まれ、延享四年（一七四七）に数え年六十八歳で死去している。したがって春台の生涯は、延宝・天和・貞享・元禄・宝永・正徳・享保・元文・寛保・延享年間にわたるが、とりわけ元禄から享保期にいたる社会経済の激動期が、彼の経済思想にもっとも大きな影響を与えている。春台学の核心をなす『経済録拾遺』が刊行されるのは、延享元年春台六十五歳という晩年に弟子の手によるものであるが、彼の重商的な経済思想は、既述するように、湯浅氏に与えた春台の書中の言葉から見て、『経済録』執筆段階において、すでに萌芽・成長していたのである。

元禄文化の陰に悪鋳、天災、物価高騰などで庶民は困窮する

元禄時代は、五代将軍綱吉の施政下における文治政治で、当初は新鮮な空気もあったが、悪政として世人の不満を買った生類憐み（しょうるいあわれみ）の令をはじめ、文治派官僚老中柳沢吉保などの偏重や、勘定奉行荻原重秀の放漫財政などで、既述するように貨幣の悪鋳や、財政不足を補うための年貢の増徴などにより、町人階層の台頭とりわけ大坂を中心として開花した町人文化、江戸をはじめ各都市をふくむ元禄文化をよそに、幕藩財政の不健全さが進むのである。綱吉の寵臣（ちょうしん）柳沢吉保は、徂徠が仕えて治国済民の方策を述べたときの主君である。はなやかな元禄文化の陰に、庶民は天災や不作、とりわけ貨幣の悪鋳などにともなう米価や諸物価の高騰（インフレーション）で困窮をきわめたのである。

その後、正徳の治といわれる時代に入る。この期は綱吉のあとを継いだ六代家宣、七代家継のときで、期間は短かかったが、儒者新井白石を中心とする文治政治が行なわれ、既述するように元禄悪貨を是正して慶長の古制に復して、正徳金銀を鋳造するなど、財政のたて直しや諸制度を改めることを通じて、前代の弊政の改革につとめた。

享保の改革は、むしろ貨幣経済の進展を促す（農村の疲弊、商人層の台頭）

享保時代に入ると、享保の改革を通じて、八代将軍吉宗の懸命な努力にもかかわらず、幕府の財政は窮乏の一途をたどり、定免制の実施などにより増徴が進むなかにおいて、

さらに享保十七年の大飢饉や災害も重なり、米価は高騰し社会騒擾が激化した。享保改革のねらうところは、武士の支配力を強化し、幕府の財政をたて直すことにあったが、その結果は増徴や貨幣経済の発展により農村は疲弊し、むしろ商人階層の台頭と発展を促した。

元禄以後の構図

したがって元禄以後の構図は、幕藩体制の基礎がかたまり、その安定、国民生活の奢侈＝贅沢化、貨幣＝商品経済の進展、元禄文化の開花、幕府の放漫財政、幕藩財政の窮乏、年貢の強化、社会経済階層の分解、社会騒擾の激化、幕藩体制の危機という形態をとるのである。徂徠は享保改革のさなかにおいて、元禄から享保にいたる社会経済の激動、したがって幕藩体制の維持に強い危機感をいだいて世を去るのであるが、春台はこの激動期を凝視する。

享保十七年（一七三二）の、いわゆる享保の飢饉や多発する災害は惨めなものであった。この春台は享保十八年に『上書』を、時の老中黒田豊前守をへて幕府に建白している。この『上書』（注、これはいわゆる『春台上書二』で、『同上書一』は前年に建白している）は、とりわけ享保期の天変や地異の事例を詳しくあげて、人主（時の将軍は八代吉宗）たる者は戒め慎んで、事に処し万機に心を用いなければならないということを烈々と訴えている。次に、やや長文となるが、春台の気魄の鋭さ、および天変地異の激しさや緊迫した当時の世相を示すものとして、『上書二』の全文をあげる。

春台の『上書二』（将軍への建白書）

乍ㇾ恐以㆓封事㆒言上仕候

草茅之臣太宰純誠惶誠恐頓首々々死罪々々謹言

執政拾遺丹治公閣下

臣謹而考候に、古より和漢ともに国家久しく治り候へば、治世に生れ給ふ人主は、乱世の事を知しめさず、殊に太平の世には敵国外患と申もの無ㇾ之故、人主もいつとなく御心緩み、下には姦邪（かんじゃ）の臣阿諛逢迎（あゆほうげい）の徒多く出来て、日々に人主の慾を導き、祖宗の法を破て種々の新法を始候。是より政も弊出来て、国家乱亡の端と成候。

諄々と将軍を戒め、説得する

古より久しく治り候国家の乱亡に赴候は、さのみ手間取候事にて無ㇾ之候。一旦思ひよらざる事より禍乱起りて、遂に大乱に至り候。但其前にて天災屢降候て、人主を戒候事有ㇾ之候。凡天下の君は天下何にても畏れ給ふもの無ㇾ之、只天を畏れ給ふのみにて御座候。其故天下のあらゆる神も仏も、天より上に出候事あたはず。神といふ神、仏といふ仏に、天より尊き神も仏も無㆓御座㆒候。さらば天子より庶人に至る迄、天の咎を得候ては、如何なる仏神を禱候ても、其罪を遁れ候こと叶はず候。

孔子の言

孔子の言に獲ㇾ罪ㇾ於ㇾ天、無ㇾ所ㇾ禱也と有ㇾ之候は、此儀にて御座候。然るゆゑに、国

昔の漢朝の天子

家に種々天災降り候は、下民の為にては無レ之、皆々人主の御為にて、人主の御身を戒んとて、天よりその責を降し給ふにて御座候。されば太平の君は天災の降り候時に、必ず御心を付たまひ、我何の罪あつて天の責を得たるぞと、御身を省察し給ふを賢君と申、若人主御心付たまはぬ時は、臣下の中より時々に災異の説をすゝめて人主を驚かし奉る。是故実にて御座候。災異とは其災にて御座候。異は常に異なる怪しき事の出来るにて御座候。甘露降り穀実を雨し候が如きこと異と申候。されば春秋は聖人の作にて御座候に、経中に種々の災異を記し置れ候は、人主を戒ん為にて御座候。昔漢朝の天子は大小によらず、何にても災異起り候へば、日食にも驚給ひて、必天下に詔を下し、賢良、方正、直言、極諫の士を召て政事の得失を申さしめ給ふ。後に及ては此事格式と成り候て、賢良、方正、直言、極諫の士を召といへども、さのみ其申事を用ひ給ひ候にあらず、虚文と申物になり候。漢の末に弘恭石顕といふ姦邪の臣を寵し給ひて、政道乱れしゆゑに、種々の天災降り候を、誰も言上する者もなかりし時、劉向封事を奉り、身を捐て忠言を進め候事、漢書の伝に見え候。凡災異の説は人主の聞しめさずして叶はざる事に御座候へども、是を申出候へば、必人主の悦び給わぬ事にて御座候ゆゑ、大臣も小臣も口を閉てこれを申さ賢良、方正、直言、極諫の士を召されるならば、純の如きもの……

災害について、強記の記述は続く

ず、若人主御心付給ひて如何と御尋ある事に候へば、災異は苦しからぬこと、畏るゝに足らずと取返し、一向に万歳のことぶきを述るばかりにて、少しも人主の御慎之便になる御事をば不申、ケ様の類を阿諛逢迎の徒と申候。今の御代にも、漢朝の如くに賢良、方正、直言、極諫の士を召され候事有レ之候はゞ、純が如きものは賢良方正の士と申には及がたく候。直言極諫の士と名乗候て罷出、一命を惜まず言上仕候事は可レ仕候へども、日本には左様の事無レ之候間、無二是非一黙して罷在候。昔厳有院殿の御世に、稲葉美濃守殿の儒臣谷三助と申者、江戸遷都の事を言上仕候由伝承候。其事御用には不レ立候へども、言上の趣は実に見識ある者にて御座候。純今日幸に閣下の御扶助を忝く仕候間、昔の谷三助に傚候て愚言を言上仕候。愚意は、漢の劉向に傚て専災異の説を申上候。抑臣は延宝の年に生れ候ゆゑ、其以前の事は不レ存候。亡父又は故老の者どもの物語承る迄にて、直に見聞不レ仕候間不二申上一候。常憲院殿延宝八年に登極なされ候。其年の秋深川海浜にて人民溺死仕候。天和二年壬戌十二月二十八日都下大火にて、筋違橋、浅草橋、両郭門災上仕候。其後元禄年中大火度々に及候へども、武家の第宅以下焼亡仕候迨に御座候。元禄十一年戊寅九月六日に大火にて、東叡山厳有院殿の御廟災上仕候。十六年癸未十一月二

春台の博覧強記の烈々たる建白

天変地異の激しさは驚きでもある

十三日江戸大地震にて、御城郭大破仕候。同時房州海浜にて人民溺死仕候。寛永元年甲申七月三日猿膀の堤壊れ、本所大水にて人家多く流れ、溺死も多く御座候。地震と富士の火とは誠に奇異の大災にて御座候。此外大風大雨等の天災の数度に及び候間、一々には難ㇾ申候。文照院殿、有章院殿両御世は、御在世も短く候て、天災と申ほどの事無ㇾ之候。当御世に至り、享保二年正月二十二日大火にて、神田橋、常磐橋両城門炎上仕候。御本城も危く御座候。其翌年四月大火にて、東叡山大猷院殿の御廟炎上仕候。其後又芝口郭門炎上仕候。十三年戊申九月二日江戸川小石川大水、開国以来未聞の大災にて御座候。十六年辛亥四月五日大火にて、虎門、幸橋両城門炎上仕候。数十の諸大名百年以来の第宅一時に焼失仕候。其翌日西丸失火候。無風の夜大宅焼亡仕候。希有の事に御座候。十七年壬子十一月二十八日数ケ所同時に火起り、大火に成り、西丸城楼炎上仕候。先年以来大火度々有ㇾ之候へども、ケ様の火災は未曽有に御座候。十七年秋、山陰、南海、西海の蝗災、是又数百年来未聞大災に御座候。今年春西丸下失火にて、無風夜大宅焼亡仕候。其後海内の疫癘是又数百年来未聞の大災にて、品品此外大風大雨等数度有ㇾ之候へども不ㇾ及ㇾ申候。惣じて当地の天災は火災を第一と仕候。常憲院殿御治世三十年の間に、先廟の炎上

為政者の怠慢を戒める

政を信じ仁を施し、将軍自身慎まれることが根本第一の道である

壱ッ、城門弐ッにて御座候。大地震にて城楼城門破損仕候は各別の事にて御座候。享保元年以来去年迄十七年の間に、先廟の炎上壱ッ、城楼壱ッ、城門五ッにて御座候。先廟に較候へば頗多しと可レ申候。是にて天災の多きを御覧有べく候。殊に江戸川小石川の水災、西国の蝗災、海内の疫癘は前代未聞の大災にて御座候。厳有院殿の御世明暦三年丁酉正月大災にて、御本城炎上仕候得共、其時は国家元気盛にて、諸大名も身上富有に御座候ゆゑ再造の事速に成就仕、只今は国家の元気衰へ、諸大名も貧窮仕候処に、若また奇異の大災降り候はゞ昔の痛に百倍可レ仕候。此時に於て君上天災を畏れさせ給ふ御心もなく、天災を憚る御僉議も無レ之候は、乍レ恐御怠慢と奉レ存候。食禄の臣此事を言上仕らず候は、忠臣にあらず候。凡天災はかならず、人主の御為に降り、天より人主を戒め給ふ事にて候へども、天災候ても其痛みを受候ものは人民にて、君上にはさのみ御痛無レ之ゆゑ、細に御心を付玉はず候ては、御油断に成り候て、畢竟天を畏れさせたまはぬと申にて御座候。皇天震怒と申事有レ之、上帝怒り玉ひ候へば、人主其責を遁たまふ事叶がたく候。扨て天災を弭る道は、仏法にても神道にても、如何なる名僧阿闍梨の加持にても、いかなる神仏に禱候ても叶候事無レ之候。政を信じ仁を施し、人主の御身を慎たまふ。是根本第

一の道にて御座候。只今御沙汰無レ之候はゞ、此後又如何なる大災降り、天下の元気を消し、万民の命根を断申べきか、天心測りがたく候。凡天心は人の智を以て測がたきものにて候間、天災の降候も何事の責と申事、定ては申がたく候へども、人主の御身に徳の闕ケ候処有レ之、政弊有レ之故と申事は必定にて御座候間、其所を深く考へ候へば、大抵明に見え候ものに御座候。享保以来の御政奢侈を悪み倹素を好ませ給ひ、女を遠ざけ万民を憐ませ給ふ事、都て御務に御心を尽され候所、先朝にも越させ給ひ、目出度御仁徳にて御座候。然るに登極の初より、天災屢降り、万民安心仕らず候は、如何なる事ぞと伏して考へ候に、只一ッ利を好ませ玉ふ御心、是第一の病根にて御座候。凡利は天下の人の同じく好み候事ゆゑ、誰にても一人是を好み候へば、人の怨み天の憎を受候。周厲王の時栄夷公と申人、六卿の中にて利を好み候を、厲王是を寵したまひ、何事も栄夷公の申事を用給ひ、芮良夫といふ人、厲王を諫て利を好む人をば近づけ給ふべからずといふことを直言仕候へども、厲王用ひ給はず、おとるゝ周室乱れ候て、民厲王に叛き、厲王を彘といふ所へ流し、周室一たび滅亡仕候事国史記に見え候。論語に放レ於レ利而行則多レ怨と有レ之候。放は依なりと注し候て、依の字は違の反にて御座候。違は違離と続き候故、依と申は違

興利の臣に対する戒め

己が立身栄耀だけを計り、天下国家の為を考えない者は国賊である

離せぬ義にて御座候。凡君子の道は何事も利離れ是行候へば、能行はれ候て人も怨を起さず候。若利を離れぬ心にて行ひ候へば、いかなる吉事を行候とも、人悦ばず却て怨を起し候。商売は利を本とする者にて御座候へども、一向に利を求候て、己が身に少も損失なく、厚利を取んともがき候者は、一旦富を得候へども、幾ほどなく滅亡仕候。厚利を取らず、時には損をも仕り候て、人と利を分候やうに仕候者は末久しく栄え候。況や君には何事も利を離候て損失を顧みず、義を正しく行候を有道の人と申候。東照宮は利を好ませ給はず候故に、天下御手に入、百年の太平を開かせ給ひ候。台徳院殿より有章院殿迄六代の君、利を好ませたまひ候事をば未承候。上に利を好ませたまへば、下は興利の臣出来り、損下益上の政を行ひ民と利を争ひ候。是天下の人の上を怨候愁言仕本にて、天災の屢降り候所にて御座候。興利の臣の謀るところは、国運の衰候をも知らず、天下の萬民を憂候心も無レ之、政事の敗れをも顧ず、只当分に上意を合せ、己が立身栄耀の計を仕のみにて、天下国家の御為をば少しも心に懸ず候。これ国賊と申者にて御座候。此徒徘徊仕候へば其下に数多の姦人起りて付従ひ、日夜に興利の事のみを工夫仕候者共其数を知らず候へども、彼等は皆卑賤の輩にて不レ及レ申候。今天下の万民上を怨み奉る事讐敵の如

興利の徒を逐退せよ

くに御座候。されば此時節にかほどの仁政を出され、山のごとく海の如くの恩沢を施され候とも公辺にては難レ有奉レ存候由御礼可二申上一候へども、退て内心は毛頭も悦申さず、私に相集候ては互につぶやき、上を誹謗し奉り、とかくに油断仕まじき旨申合せ、己が利を失はざる計を仕る外無二御座一候。凡民は愚なる様に候ても、利には賢き者にて御座候ゆゑ、上の人民と利争ひ候ては、いつとても民に勝候ことあたはず、却て民の怨心を引起し候。放レ於レ利而行則多レ怨と申す孔子の聖言は、誠に万世の亀鑑にて御座候。近年来天災屡降り候事、只この故と奉レ存候。然れば只今天下万民の怨を解き、天災を弭らるべき上計は、興利の徒を悉く逐退られ、此後一切に興利の政を禁とせられ、新田開発の沙汰を止められ、諸国の宝銭を止められ候はゞ、天下の人民少怨を解き可レ申候。其上に君上の御身を殊更に慎ませたまひ、又其上に諸大名以下の所替、宅替、諸町人の宅替を停止せられ、山王、神田以下諸社の神事を先規のごとく執行せしめ、遊女丁、見世物場を故のごとく許され、都て繁雑なる政令を一切停止せられ候はゞ、天下静謐になり、万民欣喜仕、各別に恩沢を施されず候とも、民心帰服可レ仕候。孔子の言に、恵て不レ費と申もケ様の政にて御座候。右の趣は天下の人民の願にて御座候間、此願満足仕らざるあいだ、如何なる莫大の恩沢を施され候とも、只怨を増すのみにて毫髪ほども悦仕まじく候。天心は民と一ッなる物にて御座候ゆゑ、民心怨み怒り候へば、天心是に順て種々の災異を降し人主を責たまひ候。書経に可畏非民とこれ有、人主の畏れ給ふ者、天と民との二ッにて御座候。古より君をば舟に譬へ、民をば水に譬へ候。右は舟を浮べ候とも、水動き候へば舟を覆し候。民は水のごとくなるものにて御座候ゆゑ、明君はかならず民を畏れたまひ候。純此度一命を捐て直言を進め奉り候は愚蒙の至り、千万一ッも御信用を可レ奉レ得とは不レ存候。只天下万民の怨苦の状を言上仕り、若冥加に叶ひ候て照覧を瀆し奉り候はゞ、今生の大幸と覚悟仕る迠に御座候。臣閣下莫大の御恩を荷候上に、幸に閣下当時執政の御職位に列せられ候間、昔の谷三助が稲葉に建白仕候例を以て言上仕候。仰願くは愚誠を諒察したまはんことを。臣純恐惶再拝

享保十八年癸丑八月

臣太宰純誠惶誠恐頓首々々死罪々々謹言

春台の一命をすてて直言する、という烈々たる気魄がみなぎる

この『春台上書』は、当時の世相を示すものとしても、さらに春台の烈々たる憂国の気概を示すものとしても注目される。書中にある「純が如きものは賢良方正の士と申

春台の気魄は、彼の五代の祖、平手政秀を偲ばせる

（す）には及（び）がたく候。直言極諫の士と名乗候て罷出、一命を惜まず言上仕候……」に見られる彼の気魄の鋭さ、また「此時に於て君上天災を畏れさせ給ふ御心もなく、天災を憚る御僉議も無ㇾ之候は、乍ㇾ恐御怠慢と奉ㇾ存候。食禄の臣此事を言上仕らず候は、忠臣にあらず候」とか、「純此度一命を捐て直言を進め奉り候……」などに見られる「直言極諫」の気魄は、まさに春台五代の祖、すなわち少年時代の信長の非行のため切腹して諫死した大忠臣、平手政秀を偲ばせるものがある。

春台は、ひしひしと世相の変革を身に感じていた

徂徠は社会の成熟ないしは前期的な日本資本主義の発展、いいかえれば資本主義体制の発展の第一段階である重商主義的経済社会への移行という、歴史の運行＝運動法則を的確にとらえることはできなかった。しかし春台は、上掲のいわゆる『春台上書二』においても察せられるように、享保の飢饉や天災の多発をふくむ当時の世上の混乱や庶民の騒擾をまのあたりに見て、強く期するところがあったのである。以下、さらに当時の社会経済事象のいくつかをあげ、春台学形成の背景を考えてみることとする。

2　増徴・百姓一揆・打ちこわし

かずかずの世相の騒擾と変革

江戸時代の封建的な幕藩体制においては、農民が上納する年貢米を基本的には唯一最

百姓の貧困は、ますます進む（大畑才蔵の事例）

大ともいえる財政源として、不生産階級の武士団階級を支えていた。「百姓は財の余らぬように不足なきように治めること道なり」（『本佐録』）とか、「百姓と胡麻の油は搾れば搾るほど出る」という収奪・搾取が、幕藩封建体制の根幹であったことは、歴史が証明している。不生産消費集団の幕藩体制の財政が困窮すればするほど、その財源である年貢＝田租の増徴が進められた。増徴・強徴による百姓の窮乏の事例は少なくないが、次に、古島氏の論説から一事例の要約をあげてみよう（注、古島敏雄『近世科学思想』〔上〕、岩波書店、昭和四十七年刊、所収。大畑才蔵、推定元禄年間）。

……この生産費四斗一升のみが農民の手元に残り、六斗弱は年貢として領主にとられるとする。石高に対する六〇％でなく、実収量一石に対する六〇％の年貢である。これを上田の石盛一石六斗を用いると、一石六斗に対して一石四斗の年貢ということになる。八七・五％の課税率となる。このばあい計算上の実収量は二石四斗、生産費一石、年貢一石四斗である。このような重い年貢負担の下では農民は何によって生きるか、〔それは〕藁の収入・裏作収入によって生活する……。

……年傭を入れて一〇人の家族があるが、その食事内容は、朝夕の雑炊用に黍一升六合、昼食大麦五升とされている。麦食をする日数は明白ではないが、年間米食二六日とある……。二町歩が二毛作（注、五反歩は一毛作）であり、反当り麦二石の収量とされているので、大小麦で約四〇石の麦類収穫がある。米は正月・五節句・盆・祭など二六日だけ食べるとされている。七石をこす農家手取米のなかには、当然販売量の方が多くなるのである（文章のつづきを少し変えてある）。

才蔵の惨めな生活

二町五反（二・五ヘクタール）を経営し、四十石（七・二キロリットル）の米を取る農家が、裏作の麦には年貢がかからなかったとはいえ、黍（きび）の雑炊（ぞうすい）や麦類が常食で、米は正月・五節句（正月七日―人日・三月三日―上巳・五月五日―端午・七月七日―七夕・九月九日―重陽）・盆・祭など年間二十六日しか食べないで、少しでも米の消費量を節約して食い出した分を販売し、その収入で他の生活必需品を購入するという惨めさであった。これが商人の繁栄を中心とするいわゆる元禄文化が絢爛（けんらん）と咲き誇った元禄期における、平均以上の百姓の実態であったのである。上掲の農家は二町五反経営で年傭（作男）を入れているという、大規模米作農家と見られるが、下層で貧しい小作や水呑百姓の惨めさは想像をこえるものがある。

元禄文化の陰に泣く農民

時代は享保期より少し下がるが、明和七年（一七七〇）大坂における注目すべき史料を示しておく。幕藩財政の逼迫（ひっぱく）のため、増徴・強徴はますます進み、百姓たちは「餓死する

徒党、強訴、逃散

よりほかに途はない」という状態にまで追いつめられ、苦しさの余り徒党・強訴・逃散が盛行した。その際に次のような下知札が村々に立てられた。

百姓一揆の図（『夢の浮橋』致道博物館蔵）

徒党強訴逃散の制札

何事によらずよろしからざる事に百姓大勢が申合せ候をととう（徒党）ととなへ、ととうしてしゐてねがひ事くわだつるをごうそ（強訴）といひ、あるは申合せ村たちのき候をてうさん（逃散）と申し、前々より御法度に候条、右願の儀これあらば、居村其他にかぎらず早々其筋の役所へ申出づべし、御ほうびとして

ととう（徒党）の訴人　銀百枚
ごうそ（強訴）の訴人　同断
てうさん（逃散）の訴人　同断

制札の事例

右の通り下され其品により帯刀苗字御免あるべきなり、たとへ一旦同類になるとも発心いたし候ものに名前申出においては、其科をゆるされ御ほうび下さるべし

右願訴人いたすものなく村々騒立ち候節、村内のものを差押へとうにくわはらせず、一人もさし出さざる村方これあらば、村役人にても百姓にても重に取りしづめ候者は、御ほうび銀下され帯刀苗字御免、さしつゞきしづめ候者ともこれあらば、それぞれ御ほうび下しおかるべきものなり（括弧内著者）

明和七年四月　　　奉行

百姓一揆の事例

また百姓一揆も享保期前後から大規模で組織的なものとなる。原因や規模も多様で、農村の社会階層の複雑さをうかがわせる。享保初期の事例を次に示す（注、本表の基礎資料は、青木虹二『百姓一揆の年次的研究』による）。

享保初期に起きた百姓一揆事例

区分	国・郡名	原因・要求など	規模・形態など
（九件）	佐渡・羽茂	新役反対	二十四か村・越訴
	加賀・石川	貢租苛酷反対	一村・越訴
	信濃・筑摩	租法改悪、領地替願い	二か村・強訴
	石見・那賀	春定用捨廃止	十二か村・愁訴

享保元年	石見・美濃	虫害・飢饉、減免要求	五か村・愁訴
	河内・渋川	重課反対	一村・越訴
	丹波・多紀	減免要求	一か村ほか・強訴
	摂津・武庫	――	一村・愁訴
	周防・佐波	――	一村・強訴
享保二年（九件）	出羽・最上	庄屋の不正	一村・愁訴
	紀伊・牟婁	――	一村・騒動
	伯耆 因幡・各郡	凶作、請免制反対、減免	六千人・強訴
	石見・那賀	――	――・強訴
	丹波・何鹿	凶作	――・強訴
	周防・吉敷	役人の非違（非法）	三か村・越訴
	周防・玖珂	税の引下げ	四か村・――
	備中・吉備	――	――・強訴
	備後・沼隈	困窮、減免要求	数千人・強訴
享保三年（八件）	上野・邑楽	検地重課反対	十二か村 千人・越訴
	石見・鹿足	年貢延納要求	十一か村・――
	周防・玖珂	給人の苛政	――・越訴
	周防・玖珂	専売仕法反対	十か村・強訴
	周防・吉敷	入会紛争での役人の非違	――・越訴
	備後・恵蘇ほか	検地反対	――・――

備後・—— 安芸		新政反対、郡役人総退陣要求	——・暴動
駿河・駿東ほか		検見不正	——・逃散

「打ちこわし」

百姓一揆の基本型は大衆蜂起であるが訴願運動までふくめると、江戸全期を通じて二千八百件余が実証されている。これに連動するようにして、「打ちこわし」といわれる下層民の集団的暴動も多発した。原因は凶作・飢饉や政治の腐敗による米価の騰貴がおもであり、米屋をはじめ質屋や酒屋などの富家を襲撃・破壊し、米や銀を略奪し、または米の安売りを強要するなどの暴動が江戸・大坂をはじめ全国的に伝播した。

前述の「乍ㇾ恐以㆓封事㆒言上仕候」という春台の『上書二』が建白された享保十八年は、とりわけ大規模な打ちこわしが起こった。次にいくつかを例示する。

「打ちこわし」の事例

享保十八年（一七三三）一月二十五日、武蔵国江戸、千七百人、米価の高騰による打ちこわし。

享保十八年一月、肥前国彼杵郡幕領長崎町、米価の高騰による貧民主導の打ちこわし。

なお、正徳二年（一七一二）十月七〜十七日にわたり、加賀国江沼郡大聖寺領日末村ほか

蔵屋敷

江戸打ちこわし（細谷松茂筆「幕末江戸市中騒動記」東京国立博物館蔵）

で、凶作による減免要求の打ちこわし、さらに同年十月二十一日に越中国砺波郡金沢領大西土生新村ほか四十六か村にわたる減免要求のための打ちこわし、さらに享保九年（一七二四）七月、飛驒国大野郡幕領高山町の、不作と米価の高騰による打ちこわしがある。百姓一揆も打ちこわしも、社会経済の激変を示す享保期ごろから大規模化されるのは、幕藩体制の矛盾の拡大や社会経済の成熟を示す証左として、きわめて重視すべき社会現象である。春台はこの「時代の変化」を見据えるのである。

3　蔵屋敷について

春台は蔵屋敷について積極的な見解を示している。彼の思想は、時・理・勢・人情から見て、多くの人の心がすでに商行為の有利なことを認め、経済思想も重農的なものから重商的な思想へ変わっていることを十分に知っていたのである。すなわち、かつて重農的思想であった春台の経済思想は、『経済録拾遺』をあらわす段階以前において、すでに重商主義的経済思想に転換されていたのである。

春台の蔵屋敷論

また春台の蔵屋敷論においても、見のがしてはならぬ重要な問題がふくまれている。彼は農産物の共同販売の有利性を知っていたこと、さらに、領主が高く買い上げれば、領民（生産者）は「利が多いので、貨物を隠さずに全部出すだろう」という農民心理をよく理解していたということである。この経済思想は、現代の農業協同組合における農産物の共同出荷販売というきわめて重要な経済行為と符合する。もちろん春台のこの思想は、加速度的に窮乏の度を増す幕藩財政の救済策との関連において述べているのであるが、個々の経費や中間経費の省略や合理化、したがって商業資本に対抗するための手段としては両者とも共通の経済行為であり、より効果的な経済活動そのものに対する考え方において、春台の近代性は注目される。さらに注目されるのは、現在の農協における農産物の共同出荷販売において、もっとも困っているものに、春台のいう「貨物を隠して、ひそかに私売り（抜き売り・横流し）をする」不心得の組合員のいるということである。

現在の農協に通じる春台の近代性

経済思想の歴史的な運行

春台の経済思想の近代性には重ねて注目される。

ところが、実際の蔵屋敷は春台の理念（Idee）とは別に、けっきょく前期的な商業資

蔵屋敷の図

上＝江戸日本橋蔵屋敷（葛飾北斎筆『富嶽三十六景』東京国立博物館蔵）

下＝大坂堂島蔵屋敷へ蔵米の廻着（『摂津名所図会』国立公文書館内閣文庫蔵）

本の拡大、したがって特権的な商人階層の肥大化に貢献する結果となるのである。春台は応急処置の一策として、蔵屋敷の重商的な経済行為を困窮せる諸侯・諸藩の救済策に利用しようとしたが、その思考の深奥において、前述するように、「いかなる術にても、救い得るとは思われない」としている彼の心底には、「いかなる術にても、幕藩財政を救うことはできない」、すなわち重商的経済思想への歴史的な運行のまえには、いかなる幕藩財政の救済策も、「その経済思想を根底から変えぬかぎり不可能だ」という可逆的な思想が内潜していたのである。この矛盾の克服こそ、歴史の大きな流れに沿っての経済思想の転換なのである。

4　商人＝商業の繁栄とにぎわい

商人層の繁栄

春台学形成の社会経済的背景の最大なものは、商人の繁栄ないしはにぎわいである。春台は中国の過去何千年におよぶ先王孔子の道や術の奥義(おうぎ)をきわめ、さらに師の徂徠の経世学を継承するが、激動する当時の日本の、とりわけ幕藩財政の窮乏化を救済するための積極的な術として、それらはほとんど役に立たなかった。既述するように、当時の激動する実態社会は、資本主義的経済体制の第一段階である重商的経済体制への移行を示していたのである。春台学は、日本の経済史の観点から見れば、「封建的社会経済体制の崩壊過程と、前期的な日本資本主義の生成発展過程との交錯点、ないしは結節点」

商人（商業）の繁栄とにぎわい

上＝江戸駿河町の三井呉服店（『江戸名所図会』国立公文書館内閣文庫蔵）

下＝近世大坂の雑魚場魚市（安藤広重筆『浪花名所図会』東京国立博物館蔵）

において形成された。

商人（商業）の繁栄とにぎわい

春台は「今の世は諸侯でさえ町人に俯伏して恥を忘れて不仁、不義を行なう」と嘆いているが、彼が指摘するように、町人の繁栄は江戸・京都・大坂（いわゆる「近世の三都」）にかぎらず、大小の諸侯は処々の富商に俯伏した。春台は商人（商業）の繁栄とにぎわい、それは諸侯をも俯伏させるその驚くべき力に、時代の推移を強く感じとったのである。もちろん春台がこの歴史の流れ、すなわち社会経済体制の変革に気づいたということの陰には、彼の非凡な能力と、先王孔子をきわめ、さらに師の徂徠をもきわめた刻苦勉励と、経済思想の迷いを止揚（Aufheben）した激しい自問・自答があったことを忘れてはならない。

三 「春台学」の系譜
——経済思想の流れ——

「春台学」の系譜

春台を鼻祖ないしは源流とする、重商主義的経済思想の流れは、江戸中期の経済思想家海保青陵（一七五五〜一八一七、宝暦五〜文化十四年、出は丹後宮津、生まれは江戸、晩年は京都）に引き継がれる。青陵は、「うりかい」（売り買い）という商取引をすべての社会関係の原理とする徹底した一元論的な重商ないしは商本的経済思想家である。青陵の師は徂徠の高弟の一人である宇佐美恵助（うさみけいすけ）であるが、間接的に春台学の思想の影響を受けていることは、彼の記述から明らかである。

海保青陵の『稽古談』

海保青陵の経済主著『稽古談』（けいこだん）（巻之五）に次のような記述がある。

昔青山家に居りし時に、佐兵衛左殿鶴（注、青陵の名）を呼んで、扨其方の親は日比谷の身上を一たび興したる大忠大才の人なり、其方も儒者のことなれば、此家の経済のことにつきて、心づきたることを書きて見すべしといひつけらる、鶴退て四五十枚の書付をとゝのへて青渓先生に見せたるに、先生云、こゝにてはなし、大きにけんとふがちがふておるなり、かきなおすべしと云はれたり、又かきなおして見せたるに、先生云、前のよりは少しましなれども、まだこゝでもなきなり、又かきなおすべしと云はる、鶴今度は儒者の論をとんとやめて、身上のよふなるすぢを、ぢかどらまへにして、今日入用のことをかきならべて見せたるに、先生大きによろこび玉ひて、其極これなりとて父子難じ合い問い合いて、経済のことを研究せり、世がちがふておるゆへに、事は追々ちがへども、意にちがふことなし、先生は始め

春台の高弟大塩与右衛門

は春台門人の大塩与右衛門といふ儒者の門人なり、後に灊水先生宇佐美恵助の門人となりて、徂徠派の儒者なり、鶴は十ばかりの時より、宇佐美先生の門人にて、鶴が二十三の時先生卒せり、鶴は唯文章ずきにて、何派の学問などゝいふこと大きにきらひなり、わかき時から何派の学問でもなし、即鶴が一家の学なり

文化癸酉冬〻（文化十年、一八一三）　海保皐鶴筆記

右の筆記（記述）の日付は、青陵死去の文化十四年より四年前、青陵五十九歳の冬である。

また前掲『稽古談』（巻之五）に次の記述がある。

鶴（青陵の名）が父は角田市左衛門（注、世襲名か）といふて、本は青山侯の代々家老なり、鶴が祖父は角田五郎太夫といへり、此五郎太夫君は海保儀平といふ人の子にて、角田家へ養子にゆけり、海保儀平君の父は海保三吉といふ……儀平は病死せり、必竟浪人ものの子なれば、三人の男子のしかたなふて……惣領の子を青山侯の家老角田市左衛門といふ人の養子とせり、長じて五郎太夫と称して家老役を勤めたり……十八般の武芸其極に至らずと云ふことなし、書をも読みて広ふわたりたる人なり、鶴が先人の名は朋、字は公熙といへり、別号青渓先生、これも武芸達人にて、

公綽君より又文事尤優れり……

青陵の父青渓は青山侯の財政を復興した実学者

海保青陵の名は皐鶴（鶴といっていた）、字は万和、青陵は号、通称は儀平といった。青山大膳の家老角田市左衛門（注、世襲同名）の子であるが、角田の家は弟にゆずり、自分の祖父の本姓海保を名のり学問の道を進んだ。右の引用文に示すように同族同名があり、わかりにくいが、青陵の父青渓（別号）は武芸の達人で文事にもっとも勝れ、しかも前掲の記述にあるように、「日比谷の身上（注、青山侯の財政）を一たび興したる大忠大才の人」という勝れた実学者であったことに注目される。

大塩の優れた人柄

次に重要な点は、青陵の父であり彼に大きな実学的な影響を与えた師でもある角田青渓は、当初は春台の門人大塩与右衛門の門人であったということである。既述するように、大塩という儒者は春台門下でも勝れた人物であった。重複するが次に再録する。

大塩鼇渚＝通称与右衛門、代々薪炭業を営み、巨万の富をかさねた。幼時より英敏、学を好み、春台から儒学を学んだが、当時の文士の風習を嫌い、身を持すること甚だ堅固。春台の著書の多くは彼の手で刊行された。春台の永代供養料を無名で天眼寺へ寄せたのは、彼と宮田金峰という。林述斎は彼の門人。天明五年（一七八五）六十九歳で没。

ちなみに、大塩はのちに述べる海保青陵の父角田青渓の師である。

青陵に大きな影響を与えた青渓と大塩

すなわち、青陵の父青渓の実学的な知識と、主家青山侯の財政に貢献した実践的な手腕・力量というものは、実は師の大塩与右衛門に強い影響を受けているのである。さらにさかのぼれば大塩は、「当時の文士の風習を嫌い」、春台の人格と、注目すべきは、春台の重商主義的な経済思想の影響を強く受けて、自分の家業に巨万の富を蓄積した実学的な実践者であるという点である。大塩は師の春台に陰徳をかさね、師の人格と重商的経済思想を、その実践的な行動を通じて両立させた特筆すべき人物である。

宇佐美は徂徠の高弟の一人であった

ところで青渓がのちに、また青陵が十歳から十年余り師事した宇佐美恵助（灊水）は、前述のように徂徠門下であり、次のような儒者である（注、『前沢著書』による）。

「宇佐美灊水」＝名は恵、通称恵助、号は灊水、上総の人、十七歳の時徂徠に従つてより三年、徂徠の歿後は板倉璜渓の食客として研鑽し、江戸に於て門を開いた。其の人となりは荘重厳正で、諸侯中に教へを請ふ者有れば、先づ自分に対する儀を書き送つて、先方が之を承知すれば往いて教へた。安永五年歿六十七歳（或は六十四）。其の著に弁名考、弁道考、絶句解考証、絶句拾遺考証、古文矩文変考等がある。

ここで注目すべき重要なことは、青陵は徂徠の高弟の一人である宇佐美灊水から、十

青陵が宇佐美から学んだものは文章である

歳より二十二〜三歳という知識の吸収力のもっともさかんな、また人間形成にもっとも大切な時期に儒学を学びながら、「鶴は唯文章ずきにて、何派の学問などゝいふこと大きにきらひなり、わかき時から何派の学問でもなし」といっている点である。巨儒徂徠学は二分して、経学・経世学は春台と山県周南（注、周南には「人口論」がある）に、詩文章は南郭を筆頭に多くの門下生がそれにつづいた。青陵が若いときに入門したときの師宇佐美灊水は、その著書から見て、徂徠の経学（儒学）と詩文章面をおもに継承して、経世学（政治経済）は余り継承してないことがわかる。

そこできわめて大切なことは、青陵は、灊水から学んで真に彼の身についたものは経学でも、もちろん経世学でもなく、文章であるということである。そしてさらに重要なことは、青陵の学問に強い影響を与えたのは、父の角田青渓の実学、すなわち主家を救ったごとき実践的な財政経済論であり、さらに父の師の大塩与右衛門（鼇渚）の巨万の富を重ねたごとき実践的な実学であり、さらにそれをさかのぼれば、太宰春台の『経済録拾遺』「食貨」において形成された「春台学」の経済思想が、海保青陵の経済思想に与えた影響を見逃してはならないということである。

青陵には前掲の『稽古談』のほか、『前識談（ぜんしきだん）』などその他の著書があり、経済談はそ

春台学系譜における師弟関係と重商主義的経済思想の流れ

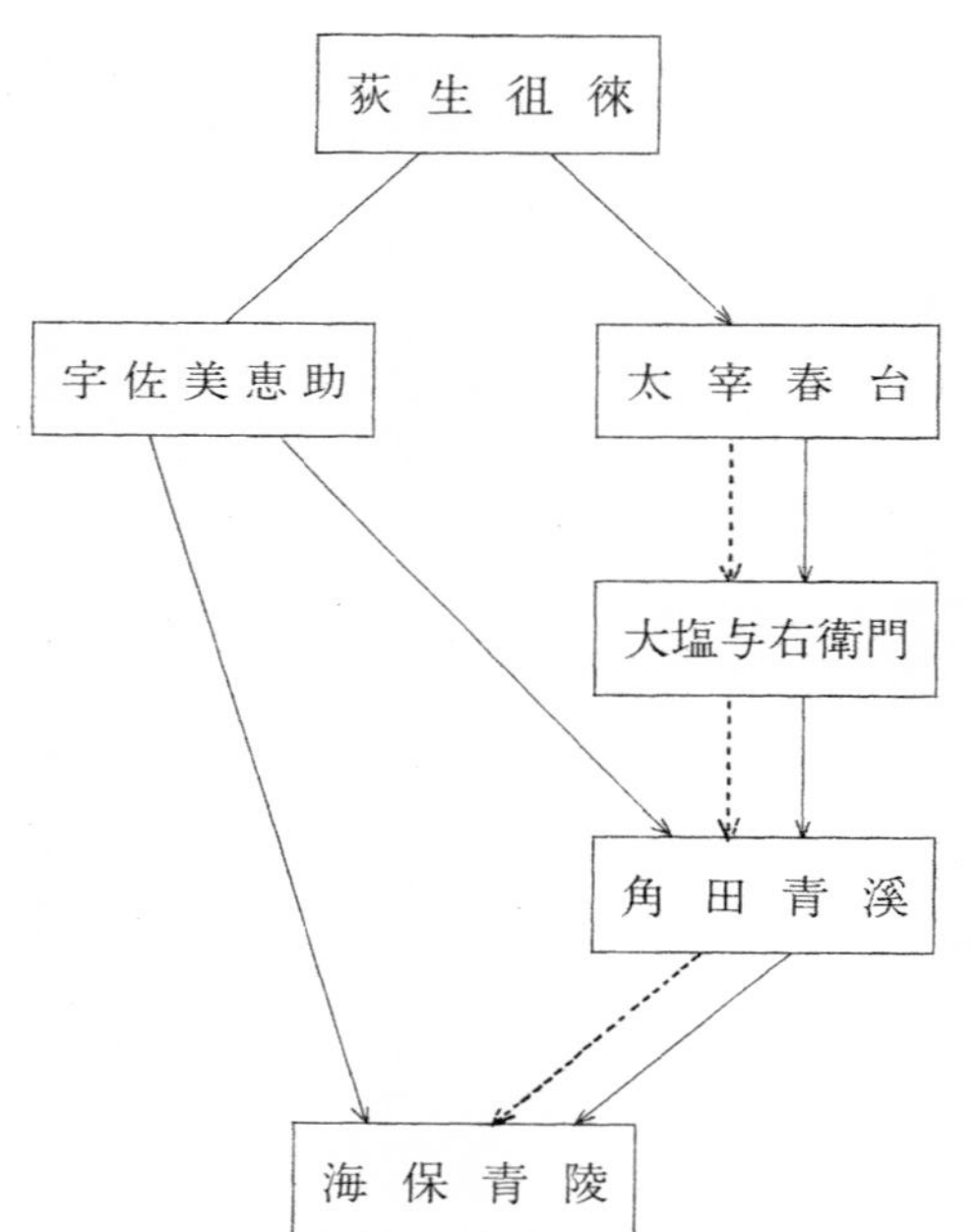

注、①実線は直接の師弟関係を、点線は春台の重商主義的経済思想の流れを示す。
②なお、宇佐美の号は灊水（しんすい）、大塩の号は鼇渚（ごうしょ）である。

の部数が明らかでないほど多いが、「学問は実際に役立つものでなければ必要がない」という徹底した実学主義で、その経済思想の根源は前述のごとき系譜をたどる。上に上述の関係を図示する。

既述するように青陵は、「わかき時から何派の学問でもなし」といっているが、父青溪も子の青陵も師の宇佐美恵助（灊水）、さらにその師徂徠の影響が少なかったと見られる点は意外である。その背景には時代の進運、すなわち徂徠学に対する世評の変化を無視できない。徂徠の死後、生前よりむしろひとときその全盛期に達した徂徠学も、とりわけ青渓や青陵の師である灊水（しんすい）の継承せる儒学＝経学面においては、時代もうつり、それほど魅力のあるものではなかった。老中松平定信による「寛政異学の禁」、すなわち朱子学派以外の学派の禁令が出されたのは、寛政二年（一七九〇）青陵三十六歳のときであった。青陵は徂徠、したがって灊水の経学（儒学）より文章を身につけ、経世学（政治経済学）は、父←鼇渚←春台の重商的あるいは実学的な経済思想を栄養として摂取し、「鶴（青陵）が一家の学」、すなわち海保青陵の独自の「うりかい」という商取引をすべての社会関係の原理とする徹底した一元論的な合理主義による重商的な、むしろ商本的な経済思想を生み出すのである。

青陵の「うりかい」という商取引の理論

日本経済の二つの流れ（潮流）

徂徠は中国古聖人（先王孔子の道）の強い影響のもとに徂徠学（古文辞学・蘐園学）を創始完成した。春台は先王孔子の道＝術と徂徠学との強い影響を受けて春台学を完成した。いうまでもなく徂徠も春台も、そして青陵も、とりわけ江戸中期以降に見られる日本経済の二つの流れ＝潮流、すなわち、

①逆行（下向的潮流）＝幕藩財政窮乏の深化（封建的社会経済体制の崩壊過程）

②進行（上向的潮流）＝貨幣経済・商品流通経済の深化（前期的日本資本主義体制の形成過程）

という社会経済体制の歴史的・必然的な激動ないしは交錯関係を、それぞれの時代と立場にもとづきその経済思想を通じて、たとえば徂徠は御用学者としてその交錯関係を幕藩体制の危機意識ととらえ、体制安定のためにむしろ復古的な農本的または重農主義的経済思想より進むことができず、また春台は師徂徠の重農主義的経済思想を乗り超えて、重商主義的経済思想に転換することができ、青陵は時代の進運・経済の成熟を、一方において、青陵←青渓←蘐渚←春台という実学的な重商主義的経済思想の流れを通じ、他方において、とりわけ先進地帯における商業取引の実態から感知した彼の勝れた能力を通じ、むしろ商本的思想にまで到達するにいたるのである。青陵の経済思想は間接的とはいえ、春台学、すなわち『経済録拾遺』「食貨」に示した彼の重商主義的経済思想体系に強い影響を受けていることは疑う余地がない。

青陵の経済思想の構図

日本経済史上における「春台学」の占める地位

一世を風靡（ふうび）し、天下の俊才を一門に集めた蘐園学派は、徂徠が日本近代化の鼻祖といわれる評価を受けながらも、現象的には経学＝儒学面では徂徠を超えるものがなく、詩文章面では南郭ら多くの徂徠門下がいたが、徂徠高弟の濡水でさえ、若い門人青陵に決定的な影響を与えることができず、せいぜい「鶴は唯文章ずきにて」という状態は驚きである。しかし、徂徠学の中でも、徂徠がもっとも重視した経世学（政治経済学）面では、師の徂徠に鶏肋視され、とかく軽視されがちであった春台が、ひとり徂徠学を超えて春台学を生み、しかもその説得力と活気にみちみちた春台学系譜は後続の思想家たちにより、さらに実学的な重商的経済思想に進展していくのである。そしてその思想は、資本主義発展の三段階、すなわち「重商主義→自由競争的資本主義→独占資本主義」の第一段階である重商主義ないしは前期的資本主義への発展原理に沿うものとして、経済史上きわめて重要な意味をもつのである。

ここで付言しておきたいことは、上掲の海保青陵の経済思想は、藩間貿易の奨励にとどまり、国際貿易という概念はないことである。もちろん実学的で「学問は実際に役立つものでなければ必要がない」という青陵にとって、当時の鎖国政策にそむくことは無益であると考えるのは当然ともいえよう。その点は春台の経済思想の方が勝れている。

本多利明の経済思想

次に注目されるのは江戸中期の経世家本多利明（一七四四～一八二一、延享一～文政四年、越後生まれ）の重商思想である。彼の著書『経世秘策』によると「金銀銅鉄を国力の中軸として重視すること。船舶を大量に造り、渡海交易の制度を確立すること」とし、世界各国と互角に貿易をして日本の国力を強くせよというのである。これは明らかに国際貿易論であるが、鎖国政策のもとではこの重商貿易政策は実現しなかった。

山片蟠桃

次に江戸後期の大坂の大商人学者山片蟠桃（一七四八～一八二一、寛延一～文政四年、播州の出）について見る。彼は大坂の懐徳堂の中井竹山（一七三〇～一八〇四、享保十五～文化一年、幕末の儒者、懐徳堂の創設者中井甃庵の長子、大坂の人）に朱子学を学んでおり、竹山の師五井蘭州は徂徠学の批判者であった。蟠桃は自家升屋の商売を繁盛させ、仙台藩など諸藩の蔵元として各藩の経済をきりもりしたほどの大商人であったが、商売のかたわら勉学して『夢の代』という本を出している。

大坂の懐徳堂

青陵の『升小談』

次に海保青陵の『升小談』（青陵の講演筆記の一部の抜粋）をあげる。

> 大坂の風俗昔とは大きにちがふて、見ちがへるよふになれり、此節升屋平右衛門の番頭に小右衛門と云ふ大豪傑（注、山片蟠桃のことである）で、升屋の身代を甚大きふせり、升平は仙場の梶木町、淀屋橋筋を東へ入る南側なり、小右衛門はこの升平の肩入れ番頭なり、仙台・南部・白川などもこの升平の仕送りなり、今は仙台も升平になりて段々富国になれり、先仙台の金のふへたる始めを此へ挙て記すべし……

蟠桃の経済思想

蟠桃には『夢の代』のほかにも、『大知弁』『一致共和対策弁』などの経済関係書があるが、功利的な商本的実践者でありながら、いずれも封建的保守的思想の域にとどまっている。

日本の儒者たちによって多くの経済関係の書物が刊行されているが、『経済録』や『経済録拾遺』などのように、「経世済民」の専門書として「経済」という書名で刊行されたのは春台が初めてである。

「むすび」にかえて――太宰春台の学問的評価

春台の学問的評価

ここでは「むすび」にかえて、太宰春台に対する正当な学問的な評価として、その主要なものだけを項目的に挙げる。

一、太宰春台は、日本における重商主義的経済思想の鼻祖（びそ）である。

春台は、日本の前期的な資本主義の形成過程において、その第一段階である重商主義的経済思想への転換を、自著の経済書、とりわけ『経済録拾遺』「食貨」において立証している。

二、太宰春台は、日本の経済学の鼻祖である。

春台は、経済学を「経世済民」の学として、自著『経済録』および『経済録拾遺』に「経済」の名を用い、古今の社会経済現象を克明に分析検討して、現代にも通用する経済論を展開しているが、それらの業績は、いずれも日本で初めてである。

三、太宰春台は、世界的な理論経済学者である。

春台は、本書の第三「世界に通用する太宰春台の経済理論の先進性」で示すごとく、世界に誇るにたる理論経済学の先駆者である。

略系図（注、前沢淵月『太宰春台』による。但し、現代文になおしている）

太宰系（春台以前）

某（姓は橘、太宰雷助という。能州畠山家に仕え、領地五百石。紋所は、定紋は黒餅四つ目、替紋は蛇の目である）

規雲（字は長次、通称を理兵衛という。加州篠原氏に仕え、五百石を領した。大坂冬・夏の役に足軽大将を勤め、功により加恩五十石たもう。後に領を辞し越前に赴いた。慶安三年七月三日病没。規雲全高居士、菩提所は金沢泉野寺町立像寺である）

徹心（字は直治、通称を孫助といい、謙翁と号した。越前に住み、酒井怡雲斎について砲術を学び、その奥義を極めた。貞享三年七月三十日没、徹心院一相全性居士）

女（寛文元年九月十九日没、露白院妙玄信女）

女（正保三年五月十七日没、観窓妙持信女）

某（元禄六年八月二十八日没、了翁紹然）

某（寛文九年七月一日没、性山栄法）

女（享保三年四月八日没、円智院妙智日恵大姉）

某（通称利兵衛という。実は平手家の次子（平手系譜三男）であるが、わけがあって直治（徹心）が養う。後に他国へ行く）

祥厳（字は友之で幼時の字は丹次郎、伝太夫と改める。又丹之丞、後に宰助、終には太郎左衛門という。実は與力平野彦右衛門の嫡子であるが直治（徹心）の養子となって、七歳の時に召出されている）

平手系（春台の父言辰の家系）

天穂日命―野見宿禰―菅原道真―兼茂（従五位常陸介、近江に流される）―景兼（従六位近江権守、家紋は引輌、三巣形である）

―（この間十七世）―景行（権太夫といい、尾州智多郡平手邑（村）に居住する。是より平手を氏とする）

―政秀（織田信秀の老職、信長の傅（守役）となって諫死する。時に天文二十二年閏正月十三日、法号は政秀寺功庵宗忠大居士。信長は政秀のために寺を建てる。寺号は瑞雲山政秀寺、寺領は三百貫である）

―時秀（政秀の嫡子、天正二年九月尾州長島一揆のために討死、法号は鋯渓宗堅禅定門）

―汎秀（監物、初め甚左衛門尉、元亀三年十二月三方ケ原にて戦死する。法号は不可宗勲禅定門）

秀言（通称を彦右衛尉という。能州羽咋菅原邑（村）にて没する。妻は滝川一益の臣大津氏の娘である）

言親（通称を忠左衛門という。横山長知に仕え、食禄三百石。寛永十六年十二月十五日死去。法号は雪江洞白居士。妻は谷口氏。延宝三年十二月二十六日死去。法号は清音院玉巌理宝大姉）

女（名は不明。本多安房守政長の臣の三上源助の妻である）

言頼（通称は忠左衛門、初め又三郎。長知に仕え、十一歳で遺領三百石を継いだ。月瀬猪右衛門に鎗の奥義を受ける。元禄十二年八月二十五日死去、年七十一歳。法号は節安全忠居士）

言辰（通称は理兵衛、初め惣左衛門、後に紹堅と改める。母谷口氏の伯父である太宰謙翁の嗣（あとつぎ・養子）となった。初め金左衛門といい、後に宗見と改める。享保八年九月二十六日に死去。法号は柏樹斎固岩紹堅上座。妻は清水氏。定紋は丸輪内桔梗である）

女（名は不明。同藩松山與左衛門重治の後妻。延宝五年七月七日死去。法号は海月妙姓信女）

當頼

太宰系（春台の父言辰以後）

言辰（妻は清水佳忠（元禄三年三月十日没）の娘で名は梅、後の名は游である（謙翁の外孫）。元禄十三年六月十一日没、享年四十五歳。法号は渓雲院光月円智大姉。妹（母谷口氏）は義男中村氏の妻となる。正徳二年五月末日没、享年三十一歳、子供はない）

重光（通称は吉左衛門、幕下（家臣）本多弥兵衛某に仕えるが、後に廃疾のため僧となって守鑽と号した。元文三年十月九日入寂、享年六十七歳。法号は仰巌守鑽守座、墓所は天眼寺）

純（春台）（通称は弥右衛門、幼名を千之助といった。延享四年五月晦（末日）卒、享年六十八歳。妻は末松氏、正徳四年五月十三日没。再婚の妻は前川氏の娘、明和二年九月五日死去。但し天眼寺の過去帳には七月二十九日、清寿院貞巌恵松大姉末松氏とあり、平手氏系譜には、前川氏法号とあるが、その点は不詳）

定保（通称は弥三郎、実は長州の人阿武安次の子であるが、延享二年五月に春台の養子となる。天明五年八月八日没、享年五十五歳。法号は達乗院修徳貞保居士）

かつ（文化三年十一月十一日没、享年四十四歳。法号は唯法院妙持信女）

女某（和州郡山の松平美濃守吉保の臣で鉄砲足軽西田元右衛門尚重の妻）

略年譜

年次	西暦	年齢	主要事項	参考事項
延宝 八	一六八〇	一	九月一四日、父言辰、母游（前の名は梅）の二男として信州飯田で生まれる。幼名千之助、時に父四五歳、母二五歳。八歳年長の兄の重光がいる○言辰は太宰謙翁の養子となって太宰姓を名のるが、もとは平手姓である○言辰四代の祖、平手政秀は、非行の少年信長を諌死した忠臣である	七月、徳川綱吉五代将軍となる○遠江、気賀宿にて減免による愁訴○三河、武節村ほか四六か村にて手代の非法による越訴○丹後、宮津にて飢饉救助要求の愁訴
貞享 一	一六八四	五	七月一三日に妹が生まれる○八月一二日堀親賢（石見守）が生まれる	六月、飯田城下火災○江戸市中に出版取締令を公布する○上野、茂呂村にて麦税重課による愁訴○丹波、十倉谷村ほか九か村にて凶作による越訴
三	一六八六	七	三月四日、堀親常（美作守）襲封○七月三〇日、太宰謙翁死去○八月に幕府は朝鮮貿易を制限して長崎奉行を三人とする○一二月に琉球貿易を制限する	一〇月に松本藩の農民が重税、御用金に反対して強訴（嘉助騒動）

四	一六八七	八	『孝経』や『論語』を父から学ぶ。また和歌を詠む○九月九日に言辰が、幕府からの預り人であった佐伯武兵衛、同安兵衛の二人と口論をして、飯田城主堀親常の怒りに触れる○一〇月に熊沢蕃山が幕府の忌諱に触れ、古河に禁錮される○清船の禁書船載を検査する（禁書の輸入検査）	幕府は生類憐みの令を出す（その後同令頻発）○長門、萩領にて給主の非違による騒動
元禄 一	一六八八	九	言辰、飯田城主から追放され、一家江戸へ移る。時に言辰五三歳、游三三歳、重光一七歳、妹五歳であった。言辰は二〇〇石の扶持を失い浪人となる。飯田在住は足かけ一〇年○中国船の長崎来航を七〇隻に制限する	一月に西鶴の『日本永代蔵』が刊行される○一一月に柳沢吉保が側用人となる○出羽、屋代郷にて非政のため越訴○丹波、勝林島村にて役米高割負担のため庄屋の交替要求の愁訴、商人の進出の陰に下層民の貧窮はつのる○延岡藩、山陰村にて村民逃散し、磔刑以下の処分を受ける○越後、塩谷村ほか二〇か村にて貢租反対の強訴○越中、富山町にて米留要求の越訴○伊予、宇和島にて庄屋の非違による愁訴○讃岐、小豆島にて新税苛酷のための越訴○日向、上野村ほか二か村逃散
三	一六九〇	一一	三月一〇日、清水佳忠死去（游の父）○荻生徂徠、父の配流の地から江戸へ帰る、二五歳○春台一〇歳頃から一二～三歳までに和歌三～四〇〇首を詠む○春台一家は貧窮のどん底	
六	一六九三	一四	和歌をやめ、全部焼き捨て、公家をも支配し得る	当年八月西鶴没、五二歳（前年、『世

年	西暦	年齢	事項	一般事項
			漢詩を学ぶ〇言辰は仕官を諦める〇生活は貧窮、游は夜を徹して針仕事に励む	間胸算用』刊行）〇長門、萩領にて給主の非違による逃散〇筑後、田尻村にて庄屋の苛政による越訴
七	一六九四	二五	但馬の出石藩主松平忠徳（八四、〇〇〇石）の小姓頭となる	下総および安房にて税苛酷などで越訴〇一二月に柳沢吉保老中格となる
九	一六九六	二七	中野撝謙（朱子学者）の門に入る〇安藤東野と松崎白圭の親友を得る〇一二月に春台出仕の但馬出石藩浅間村ほか三か村の農民が米騰、札両替反対および年貢の減免を要求して打ちこわしを行なう。春台は強い関心を持つ〇米価高騰、幕府は米の買占商人を捕え、米を没収する〇徂徠、柳沢侯に仕えて一五口を受ける	宮崎安貞の『農業全書』できる。同書は翌年刊行される〇秋田藩、阿仁銅山を直営とする〇出羽、仁井田村にて武士の非法による暴動〇越中、金沢領にて凶作による逃散〇丹波、稲畑村ほか五か村による凶作減免の愁訴
一三	一七〇〇	三一	六月一一日に母游死去、四五歳〇出石藩をやめる（致仕）。出仕六年間〇一方的な致仕と見た藩主の激怒により、一〇年間の禁錮を命ぜられる〇徂徠は柳沢吉保の信任が厚く二〇〇石を受ける〇春台は病苦をおして漢詩・天文学・地学・朱子学にいどむが、朱子学には満足できなかった〇この年幕府は、金・銀・銭の比価を、金一両＝銀六〇匁＝銭四貫文とする	（柳沢吉保は二年前に老中上座となっている）〇陸奥、信夫一九か村による定免願い、夫食拝借で愁訴〇石見銀山暴動
一五	一七〇二	三三	一二月一四日、赤穂浪士大石良雄らが吉良義央を	新井白石の『藩翰譜』ができる〇凶

			討つ。後年春台が『義臣論』（一巻）を出して、幾多の批判を受ける○一二月一八日、徂徠は三〇〇石となる	作のため奥羽に多数の餓死者がでる○日向、高鍋領にて凶作・虫害のため定免御免の強訴、ほか三件
宝永 一	一七〇四	二五	富士山に登り、漢詩を詠み英気を養う○安藤東野甲斐侯に仕える、二二歳○未知の世界京都に入る○伊藤仁斎の講義を聞く。朱子学に疑問を抱いていた春台は、半信半疑ではあったが仁斎の講義を熱心に聞く	陸奥、渡村にて名主苛政による愁訴○河内、森村にて凶作による減免要求の愁訴○丹波、篠山領にて新税反対の強訴○長門、萩にて非違による越訴○伯耆、押口村にて藩役人弾劾・愁訴○一二月綱吉家宣を養嗣子とする○吉保甲府へ封ぜらる（一五〇、〇〇〇石）
二	一七〇五	二六	三月一二日、伊藤仁斎死去、七九歳○春台は仁斎の講義を聞いたのはたった二度であったが「君子を以て人に望む」という仁斎の人格にうたれる○山県周南が徂徠に師事する○春台、京都での窮人生活が始まる	五月に飛驒、阿多野村にて山林伐材の江戸商人請負反対による愁訴
三	一七〇六	二七	一月幕府は、江戸市中で諸商品の不正な値段釣り上げに厳重処置を命じる○同月、新旧貨幣の交換を命じる○六月、元禄銀の改鋳を発令する（宝字銀）○七月柳沢吉保に甲州金の改鋳を許す（翌宝永四年発行の甲安中金）○四月に徂徠四〇〇石と	七月に筑後、上妻、星野村にて庄屋への不平のため愁訴

		なる○九月に春台丹波に入る○一二月に京都にて母游の行状を書く	
四	一七〇七	二八	放浪生活が続く○三月、丹波の和田城址を弔う○三月二五日、大宰清方生まれる○山県周南周防へ帰る○七月、大坂で銭相場の騰貴が続く○一〇月、幕府は藩札を禁止する。また諸藩に年貢の先納や田畑の質入れを禁止する。さらに物価騰貴の抑制を命じ、物資の買溜めを禁止する○春台は秋に江戸へ行く○放浪と窮人生活は続く。「窮人」などの漢詩を作る。わずかに医者をして糊口を凌ぐ。この窮状にて、舞いの免許状をとる。また春台は笛の名人でもあった。	讃岐、小豆島池田村にて侵漁問題で越訴○伊予、宇和島にて藩札通用禁示のため騒動○一一月に富士山が噴火して「宝永山」ができる。武蔵、相模、駿河の各国に被害が大きい
五	一七〇八	二九	一月に幕府は、江戸市中に物価抑制令を出す。また宝永通宝の大銭（十文銭）を発行する○三月に京都大火○九月に春台は丹波に遊び、冬京都に帰り辻氏に仮寓する○湯浅常山生まれる	三月、金座以外に吹金売渡しを禁止する○五月に播磨、三木町民、地子役銀負担に反対して江戸に越訴○陸奥、新田開発、愁訴○相模、新川掘願い、越訴○信濃、地震負担金重課、強訴○丹波、苛政、強訴○播磨、減免要求、愁訴○常陸、地子役銀賦課反対、越訴○安芸、凶作、銀札停止命令ほか、強訴

六	一七〇九	三〇	一月、幕府は新井白石を登用する○大銭の通用を禁止する○生類憐みの令を廃止する○徂徠致仕して日本橋茅場町にて学問と門弟の教育に専念する（蘐園社）○春台大坂に行き、末松氏の女と結婚する○春台の著書に『親族正名』（一巻）および『観放生会記』（一巻）があるが、これらは京都中心に放浪生活をしていた時の作である	一月一〇日、綱吉薨ず。家宣六代将軍となる○一月、常陸、水戸川尻村ほか二〇か村、三、五〇〇人、紙幣濫発などの新政反対による越訴○五月、群馬、臨時課役反対で越訴○六月に柳沢吉保は隠居をする
正徳 一	一七一一	三二	（幕府は前年に金銀を改鋳する―乾字金・永字銀・三宝銀）○新銀を鋳造する（四宝銀）○春台、一〇年の禁錮が解けて、江戸へもどる○安藤東野の仲介で徂徠に対面し、徂徠に入門する○八月、末松氏（春台の妻）江戸へ来る○一二月、生実藩主森川重令（幕府の寺社奉行、一〇、〇〇〇石）の記室となり、五斗の扶持を受ける	六月、越後、蒲原郡の農民、信濃川護岸工事などで大庄屋と争う（与茂七騒動）○一一月、安房、北条藩の農民、江戸に出訴、このため藩主改易（万石騒動）○阿波、一宇村ほか三か村三、〇〇〇人、租税銀札納制反対で強訴
二	一七一二	三三	幕府は大判の一般通用を制限する○五月、春台は心労のため病気となる○幕府は勘定奉行荻原重秀を罷免。四宝銀の鋳造を中止する	家宣薨ず○陸奥、縄引、開発で愁訴○加賀、凶作、減免強訴○加賀、日末村ほか、凶作、減免、打ちこわし○越中、凶作、減免で強訴○越中、土生新村ほか四六か村、減免、打ちこわし○長門、苛政で越訴
三	一七一三	三四	二月、幕府は新銭鋳造・大銭改鋳を停止する○三	家継七代将軍となる○佐渡、増税越

			月、新金改鋳を命じる○四月、代官属吏の不正を追及する	訴○飛騨、江戸町人の材木伐出請負制反対の越訴○肥前、米買占め反対の打ちこわし○肥後、銀主・庄屋の横暴で愁訴○日向、役人の非違で強訴○九月に荻原重秀死去、五六歳
四	一七一四	三五	二月、幕府は外国船との海上密貿易（抜荷）を禁じる○四月、銭相場の引き上げを禁じる○五月一三日、末松氏（春台の妻）死去○五月に金銀を改鋳し古制にもどす（正徳金銀という。正徳銀は元文一年まで鋳造され、享保銀ともいう）○一〇月に徂徠五〇〇石となる○近畿諸国不作、米価高騰する	陸奥、減租、人足遣方で越訴○武蔵、知行主との争いで愁訴○一一月柳沢吉保死去、五七歳
五	一七一五	三六	春台生実藩をやめる（致仕）。出仕四年間。体調も気分も勝れない○しかし、この頃より春台は小石川牛天神近くに紫芝園を開き、本格的な研究・執筆・教育活動に入る○幕府は長崎貿易を毎年中国船三〇隻・銀六、〇〇〇貫、オランダ船二隻・銀三、〇〇〇貫に制限し、中国船には信牌を与える（正徳新例）○新金銀通用促進のため、江戸で両替商と問屋仲間に組合をつくらせる○大坂飛脚宿・廻船問屋に、元字金・乾字金の上方搬送を禁じる	越中、魚吟味役の利益独占に反対して越訴○大和、農民出訴○日向、金崎村ほか二か村逃散

享保一	一七一六	三七	五月に吉宗は、新井白石らを罷免する○七月、諸国へ巡見使を派遣する○春台は蘐園一門で頭角をあらわす。紫芝園において門人の厳格な教育にあたる	家継薨ず。吉宗八代将軍となる（本書の第四、二、2において、享保一、二、三年の百姓一揆の事例を示しているので、ここでは省略する）
二	一七一七	三八	五月、幕府は小倉・福岡・長州三藩に命じて、中国密貿易船を追払わせる○八月、乾字金の通用期限を三か年に制限○九月に春台は東野らと鎌倉に遊び、「湘中紀行」を書く	七月に徂徠の『弁道』ができる○同月、昌平黌の講義の聴講を庶民に許す
四	一七一九	四〇	四月に安藤東野死去、三七歳○幕府は金銀貸借、買掛についての出訴を不受理とする○春台は、妻の死後、前川氏の女と再婚するが、彼女には持病があり、春台も病気がちであった。	陸奥、上行合村、出作禁止反対の強訴○伊予、宇和島領下で庄屋の非違で騒動○ほか三件
五	一七二〇	四一	三月、幕府は元禄銀、宝永銀、四宝銀の通用期限を明年までに限る○六月に小倉藩主、中国密貿易商人を捕縛する○七月二三日に中野撝謙死去、五四歳	三月、江戸大火○八月に仁斎『孟子古義』刊行○一二月にキリスト教以外の禁書の輸入、解禁○陸奥、田村郡の出作禁止反対の強訴、ほか五件
六	一七二一	四二	三月四日、春台は小石川伝通院で火災にあい、着のみ着のままで逃れ、困厄をきわめ、芝浦に一時仮寓する○幕府は八月に目安箱を評定所門前に置く○九月に三都の金銀引替所を廃止する○春台著『紫芝園前稿』（五巻）に自序する○春台の名声し	二月に田中丘陽『民間省要』ができる○三月江戸大火○出羽、最上にて庄屋私欲、過米による越訴、ほか二件

			だいに上がる	
八	一七二三	四四	九月二二日に父言辰死去、八八歳○春台の名声が高まるにつれ、本多伊予守忠統、柳沢刑部少輔経隆、黒田豊前守直邦の三人から、それぞれ家臣に準じて扶持米を贈るが、後に春台はそれを断ってしまう○紫芝園にしだいに俊才が集まり、厳格で礼儀正しい教育にあたる。春台は執筆につとめて、しだいに業績があがる	陸奥、石川ほか風損、減免などの強訴○出羽、村山の農民による質地奪還の暴動、ほか三件
一〇	一七二五	四六	五月に新井白石死去、六九歳○松崎観海生まれる○春台放浪中の著作『親族正名』（一巻）刊行○六月に本多忠統神戸に移封、一五、〇〇〇石○徂徠の『政談』（四巻）ができる	大和、郡山領にて領主国替え、減免の強訴、ほか七件
一三	一七二八	四九	一月一九日に荻生徂徠死去、六三歳○正月に春台の『和読要領』（三巻）ができ、自序を作り、同年刊行○二月に幕府は寛永通宝の鋳銭を再開する	久留米藩の農民、年貢減免の強訴、ほか三件
一四	一七二九	五〇	二月八日『経済録』（一〇巻）の自序をつくる。同年刊行。同書の草稿を将軍吉宗が高覧したいというのを、春台は断る○幕府は一二月に、金銀貸借の訴訟を再び受理する	石田梅巌、京都に心学の講席を開く○陸奥、信夫、伊達六八か村、一一、四〇〇人が代官の暴政と減免の強訴、ほか五件
一五	一七三〇	五一	一月、幕府は乾字金の再通用を許す○藩札の発行を再び許可する○春台『朱子詩伝膏肓』（二巻）に	肥前、南有馬村、逃散、ほか二件

年号	西暦	年齢	事項	社会
			自跋をつける。ただし該書の刊行は延享三年である	
一六	一七三一	五二	二月、幕府は三年間倹約を命じる○六月、幕府は江戸・大坂への廻米を制限する○一一月、春台は『重刻古文孝経』(一巻)の自序を書き、翌一七年に刊行	江戸大火○七月飛驒、高山町にて不作、米騰のため、打ちこわし○讃岐、下高瀬村にて租税重課による逃散、ほか五件
一七	一七三二	五三	春台『上書一』を建白する○『聖学問答』(二巻)に自序を作る○三月二八日、紫芝園近火にあうが、長坂国父、大村子敬の助力により難を逃れる○七月、平野金華死去、四五歳	当年、山陽・南海・西海・畿内各地蝗害、大飢饉、餓死多数。幕藩は拝借金や夫食米の貸与や施米などをする○蝗害・凶作・飢饉その他による強訴・騒動など一一件
一八	一七三三	五四	三都および各地の米価騰貴○長崎貿易不振のため運上金額を減らす○春台『校訂古文孝経孔伝』を黒田豊前守直邦により幕府に献ずる○春台『上書二』を建白する	一月、江戸市民一、七〇〇人、米騰による米問屋を襲撃、打ちこわし。各地で打ちこわし・愁訴・強訴・越訴・暴動、計一二件
二〇	一七三五	五六	三月二六日に黒田豊前守直邦死去○幕府は一〇月に、米価下落を防ぐため最低価格を定める○一一月に『弁道書』(一巻)を刊行する	肥後、熊本町、銀札をめぐり騒動、ほか三件
元文 一	一七三六	五七	三月に『聖学問答』(二巻)を刊行する○五月に『孔子家語増注』(一〇巻)の校正に着手、一一月に自序を作る○五月に幕府は、正徳金銀を改鋳し文字	四月に加賀、大聖寺町にて幣制混乱による騒動、ほか一一件

			(元文)金銀を鋳造する○六月に米の公定価格を廃止する○七月に伊藤東涯死去、六七歳○秋に春台病気、「病余間語」を書く	
二	一七三七	五八	二月に『論語古訓』（一〇巻）の自序を作る○『詩書古伝』（三四巻）ができるが、刊行は宝暦七年である	阿波、祖谷山阿佐谷ほか、地検反対による強訴、ほか四件○中御門上皇崩御
三	一七三八	五九	二月、幕府は諸国に人別改の提出を命じる○一〇月一九日に春台の兄太宰重光（出家号守鑽）寂、六七歳○春台『東野遺稿』の序を作る	九～一〇月に磐城、平藩全領農民八四、〇〇〇人が、誅求、上級金中止、諸役御免の暴動、ほか九件
四	一七三九	六〇	五月に『論語古訓』（一〇巻）を刊行する○六月に『文論』（一巻）ができる。ただし刊行は後日○九月に『孔子家語増注』（一〇巻）の校訂終る○九月一四日、春台六十賀に同人集まる○一二月に幕府は荷田在満の『大嘗会便蒙』を発禁、閉門を命じる	二月に伯耆、因幡の農民三〇、〇〇〇人が苛政、減免、五歩米返還、新借一〇年賦、三歩米借用、大庄屋更迭ほかで暴動、ほか一一件
五	一七四〇	六一	『徂徠文集』ができる○春台『武徳編年集成』の序を作る○一〇月、幕府は大坂で干鰯・油粕の買占めを禁じる	
寛保一	一七四一	六二	松崎白圭の六十賀に列す○一〇月に『論語古訓外伝』（二〇巻）の自跋を作る	七～八月に伊予、松山領にて、凶作、減免、紙専売仕法反対のため二五か村、二、八〇〇余人が耕作放棄、強訴、

二	一七四二	六三	一月に『孔子家語増注』（一〇巻）を刊行する○『和漢帝王年表』（六巻）の稿ができる○五月に定保を養子として迎える、一三歳○一一月に幕府は産銅減少のため銅の輸出を制限する	逃散、ほか九件 越前、福井領にて、凶作、米騰による、打ちこわし、ほか七件○この年、江戸および関東地方に水害がある
延享一	一七四四	六五	『経済録拾遺』（二巻）を刊行する○『周易反正』（一二巻）の起稿○『易道揆乱』（一巻）の起稿○『易占要略』（一巻）の稿了○六月に『磨光韻鏡』の序を作る○宇佐美灊水、再び江戸へ来る○九月に幕府は米価引上げのため江戸・大坂町人に買米を命じる○一二月に速見象之（恒則）死去、六〇歳	勘定奉行神尾春央らが畿内・東海道の幕領を巡察して、年貢を増徴する○九月に石田梅巌死去、六〇歳○盛岡領、新田開発反対、二、〇〇〇人強訴、ほか二件
二	一七四五	六六	五月に『六経略説』（一巻）を刊行する○六月に『斥非』（一巻）を刊行する○『新撰唐詩六体集』を刊行する○『周易反正』（一二巻）脱稿○九月に『論語古訓外伝』（二〇巻）を刊行する	摂津・河内、若江ほか二〇、〇〇〇人が検地反対、重課反対の愁訴、ほか一〇件
三	一七四六	六七	三月、幕府は長崎貿易をオランダ二隻、中国船一〇隻に制限する○秋に春台病む○『朱子詩伝膏肓』（二巻）を刊行する○一二月に幕府倹約令を出す	江戸大火○美作、稲穂村、納税困難で逃散、ほか六件
四	一七四七	六八	春台、義海上人に書状にて『東野遺稿』の刊行補助を依頼する○二月に『易道揆乱』（一巻）の序を	出羽、村山にて三七か村三、〇〇〇人による米騰、減租要求の打ちこわし、

			作る○五月末日に春台死去○六月二日、谷中の天眼寺に葬る○時に養子の定保一八歳	ほか七件 注、本欄は、前掲、青木著書を参考にしている。
			（以下著書関係のみ）	
寛延	一	一七四八	一〇月に『文論』（一巻）が刊行される○一一月に『詩論』（一巻）が刊行される。該書は後に『文論詩論』と題して、大坂河内屋から出版	
	二	一七四九	五月に『東野遺稿』の刻ができる○九月に『産語』（二巻）が刊行される。後に品川弥二郎は、該書を仮名まじり文で刊行している	
宝暦	二	一七五二	九月に『紫芝園前稿後稿』（二〇巻）が刊行される	
	三	一七五三	三月に『倭楷正訛』（一巻）が刊行される○『紫芝園国字書』（太宰定保序）が刊行される	
	四	一七五四	一二月に『論語古訓正文』が刊行される	
	五	一七五五	六月に『和漢帝王年表』（六巻）が刊行される	
	七	一七五七	『詩書古伝』（三四巻）が刊行される	
明和	三	一七六六	九月に『倭楷正訛』（一巻）が再版される	
	四	一七六七	五月に『斥非』（一巻）が再版される○文化二年（一八〇五）に大坂の河内屋が該書を再々出版している	
安永	二	一七七三	『文論』（一巻）再版される	
	四	一七七五	春台校『古文孝経』が清国にて翻刻される	
天明	三	一七八三	三月に『老子特解』（二巻）が刊行される	
	七	一七八七	九月に『論語古訓正文』が再版される	
寛政	六	一七九四	一一月に『重刻古文孝経』（一巻）が再版される	

主要参考文献

前沢淵月『太宰春台』　文星堂　大正六年

前沢淵月『太宰春台』　嵩山房　大正九年

中村孝也『太宰春台集』（近世社会経済学説大系）　昭和一四年　再版

中村孝也『白石と徂徠と春台』　萬里閣　昭和一七年

東晋太郎『太宰春台の経済倫理』　敞文館　昭和一八年

『徂徠学派』（日本思想大系三七）　岩波書店　昭和四七年

今井・小沢編『日本思想論争史』　ぺりかん社　昭和五七年

土屋正晴『孤松の歎き』　銀河書房　昭和五八年

『春台先生紫芝園稿』（近世儒家文集集成六）　ぺりかん社　昭和六一年

小島康敬『徂徠学と反徂徠』　ぺりかん社　昭和六二年

武部善人『太宰春台　転換期の経済思想』　御茶の水書房　平成三年

羽生永明訳『修刪阿弥陀経、国文阿弥陀経』　長野県下伊那教育会所蔵

羽生永明輯　『紫芝園国字書撰遺』　長野県下伊那教育会所蔵
東武野史　『正続三五外記』　〃
室　鳩　巣　『赤穂義人録』　〃
羽生永明編　『太宰春台』　〃
佐々木高成　『辨辨道書』（上・下）（春台著書への反駁書）　〃
伊勢貞丈　『呵純』（　〃　）　〃
野村兼太郎　『徳川時代の経済思想』　日本評論社　昭和一四年
丸山真男　『日本政治思想史研究』　東京大学出版会　昭和二七年
本庄栄治郎　『江戸・明治時代の経済学者』　至文堂　昭和三七年
「太宰春台集」（大日本思想全集月報第一一号）　昭和八年
「太宰松資料」（『市村文庫』所収）　昭和九年
松　浦　玲　「近世後半期の思想」（『近世日本思想史研究』所収）　昭和四〇年
尾藤正英　「太宰春台の人と思想」（『日本思想大系三七』所収）　昭和四七年
小島康敬　「儒教的世界像の崩壊と太宰春台」（学習院大学文学部研究年報二一）　昭和四九年
尾形亀吉　「太宰春台の歌学思想」
茂　木　誠　「国学と儒教の論争」（『日本思想論争史』所収）　昭和五七年

武部善人「太宰春台と現代」(上・中・下)(信濃毎日新聞掲載)　平成三年
武部善人「太宰春台の経済理論の先見性」(南信州新聞掲載)　平成七年
(その他、海保青陵『稽古談』、三浦梅園『価原』、山片蟠桃『夢の代』なども参考にしている)

著者略歴

明治四十五年生まれ
京都大学農学部農林経済学科卒業
専攻　産業経済論　農業経済学
現在　大阪府立大学名誉教授　農学博士

主要著書
河内木綿史　日本農業構造論　日本木綿史の研究　大阪産業史　近郊農村の分解と産業資本　明治前期産業論　綿と木綿の歴史　太宰春台　転換期の経済思想

人物叢書　新装版

太宰春台

平成九年二月二十日　第一版第一刷発行

著　者　武部善人（たけべよしと）
編集者　日本歴史学会
代表者　児玉幸多
発行者　吉川圭三
発行所　株式会社　吉川弘文館
東京都文京区本郷七丁目二番八号
郵便番号一一三
電話〇三―三八一三―九一五一〈代表〉
振替口座〇〇一〇〇―五―二四四
印刷＝平文社　製本＝ナショナル製本

『人物叢書』（新装版）刊行のことば

人物叢書は、個人が埋没された歴史書が盛行した時代に、「歴史を動かすものは人間である。個人の伝記が明らかにされないで、歴史の叙述は完全であり得ない」という信念のもとに、専門学者に執筆を依頼し、日本歴史学会が編集し、吉川弘文館が刊行した一大伝記集である。

幸いに読書界の支持を得て、百冊刊行の折には菊池寛賞を授けられる栄誉に浴した。

しかし発行以来すでに四半世紀を経過し、長期品切れ本が増加し、読書界の要望にそい得ない状態にもなったので、この際既刊本の体裁を一新して再編成し、定期的に配本できるような方策をとることにした。既刊本は一八四冊であるが、まだ未刊である重要人物の伝記についても鋭意刊行を進める方針であり、その体裁も新形式をとることとした。

こうして刊行当初の精神に思いを致し、人物叢書を蘇らせようとするのが、今回の企図である。大方のご支援を得ることができれば幸せである。

昭和六十年五月

日本歴史学会
代表者 坂本太郎

〈オンデマンド版〉

太宰春台

人物叢書　新装版

2021年（令和3）10月1日　発行

著　者　（たけ　べ　よし　と）武　部　善　人

編集者　日本歴史学会
代表者　藤　田　覚

発行者　吉　川　道　郎

発行所　株式会社　吉川弘文館
〒113-0033　東京都文京区本郷7丁目2番8号
TEL　03-3813-9151〈代表〉
URL　http://www.yoshikawa-k.co.jp/

印刷・製本　大日本印刷株式会社

武部善人（1912～2000）

ISBN978-4-642-75204-6